L'UNION

DES

PRINCIPAUTÉS ROUMAINES

ÉTUDE

D'HISTOIRE DIPLOMATIQUE & DE DROIT INTERNATIONAL

THÈSE POUR LE DOCTORAT

présentée et soutenue

le Mercredi 27 Juin 1900, à 8 heures 1/2

PAR

Jean-G. MANO

ANCIEN ÉLÈVE DIPLOMÉ DE L'ÉCOLE DES SCIENCES POLITIQUES

Président : M. RENAULT.

Suffragants : { MM. LESEUR, PILLET, } professeurs.

PARIS

LIBRAIRIE NOUVELLE DE DROIT ET DE JURISPRUDENCE

ARTHUR ROUSSEAU

ÉDITEUR

14, rue Soufflot, et rue Toullier, 13

1900

THÈSE

POUR LE

DOCTORAT

UNIVERSITÉ DE PARIS — FACULTÉ DE DROIT

L'UNION

DES

PRINCIPAUTÉS ROUMAINES

ÉTUDE

D'HISTOIRE DIPLOMATIQUE & DE DROIT INTERNATIONAL

THÈSE POUR LE DOCTORAT

L'ACTE PUBLIC SUR LES MATIÈRES CI-APRÈS

Sera soutenu le Mercredi 27 Juin 1900, à 8 heures 1/2

PAR

Jean-G. MANO

ANCIEN ÉLÈVE DIPLOMÉ DE L'ÉCOLE DES SCIENCES POLITIQUES

Président : M. RENAULT.

Suffragants : MM. LESEUR, PILLET, *professeurs.*

PARIS

LIBRAIRIE NOUVELLE DE DROIT ET DE JURISPRUDENCE

ARTHUR ROUSSEAU

ÉDITEUR

14, rue Soufflot, et rue Toullier, 13

1900

INTRODUCTION

LE PRINCIPE DES NATIONALITÉS ET LA NATION ROUMAINE

—

Le droit privé est le résultat de l'action réciproque de l'intérêt général et des droits de chaque individu pris en particulier. Les relations du droit des gens présentent une double influence analogue. D'un côté, les droits souverains de chaque État, de l'autre le conflit des intérêts et des influences que chacun possède au delà de ses frontières. Les relations entre États se compliquent encore lorsque des nations font entendre leurs protestations à l'encontre des souverainetés établies et réclament des droits qui sont en conflit avec les droits des États constitués.

Comment dégager de ces éléments multiples des principes généraux, reconnus en droit des gens, qui puissent présider à la formation et à la transformation des États ?

Tant que les États n'avaient d'autre expression que la volonté de leurs souverains, la tâche des diplomates était plus restreinte. Ils ne représentaient que l'intérêt d'un seul, en qui se résumait l'intérêt de l'État, et qu'ils cherchaient à concilier avec l'utilité commune, et leur part de travail dans les arrangements internationaux consistait à rechercher un groupement de forces tel qu'aucun État n'eût une suprématie assez forte pour imposer ses lois aux autres. Tant pis pour les États faibles qui gênaient ces combinaisons. Ils devaient se soumettre au système des compensations, qui exigeaient parfois leur démembrement ou leur annexion. Ce système, dont on a fait la théorie de l'équilibre politique, a prévalu en Europe pendant le XVIIe siècle et le XVIIIe siècle et a trouvé sa plus haute expression au Congrès de Vienne. Le partage de la Pologne en est l'exemple le plus frappant, en même temps qu'il est la négation la plus complète de la nouvelle théorie qui va naître.

La fin du XVIIIe siècle voit paraître un nouveau principe de droit public, basé sur les droits des nations. La France se trouvait, tant par sa position géographique au centre de l'Europe que par son évolution historique, qui en a fait un État fortement unifié, tout indiquée pour être la promotrice de ce mouvement. Lorsque la nation française eut pris conscience de sa force, elle réclama ses droits et elle les résuma dans ce principe de la Révolution que « toute souveraineté réside dans la nation ».

La proclamation de cet axiome donna une forte impulsion aux autres nations mécontentes de la forme de leur gouvernement et surtout aux grandes agglomérations d'États formant des pays non unifiés. En Allemagne, le pouvoir de l'Empereur, en dehors de ses pays héréditaires, n'a plus aucune force ; morcelée à l'infini, elle n'a plus aucun élément apparent de cohésion. Déjà mise en éveil par les grands génies littéraires et philosophiques tels que Klopstock et Lessing, Hegel et Kant, se souvenant d'une grandeur passée, profondément ébranlée enfin par l'exemple de la France, la nation allemande sent un besoin d'unification. La dernière impulsion, qui fait pénétrer le patriotisme allemand jusque dans les dernières couches de la population, lui vient du côté de la France. Les conquêtes de Napoléon Ier secouent les Allemands de la torpeur où la soumission à leurs petits princes les avait maintenus et fait naître en eux l'idée d'une grande patrie allemande qu'une puissante armée nationale débarrassera de l'envahisseur. Le Congrès de Vienne n'établit pas encore l'unité allemande, mais il prépare, par les nouveaux groupements qu'il établit, son identification avec les destinées grandissantes de la Prusse.

En Italie, le mouvement national se présente comme une protestation contre les dynasties étrangères qui se partagent le pays. On y rêve depuis longtemps d'une Italie unifiée et libre et les idées

libérales de la Révolution y trouvèrent un terrain
favorable. Ce furent les armées de la République qui
réalisèrent les premières une partie de ces désirs. La
République Transalpine qu'elles fondèrent, est le premier pas vers l'unité italienne. Napoléon lui substitua
le Royaume d'Italie qui comprenait tout le territoire
situé au nord des États du Pape. Le Congrès de
Vienne vint rétablir au nom de la légitimité, les
Princes étrangers, mais l'idée nationale avait, comme
en Allemagne, déjà pénétré dans le peuple et allait
porter ses fruits.

Nous voyons donc s'opérer, au lendemain du Congrès de Vienne, dans les deux grands pays non unifiés
de l'Europe centrale, un phénomène semblable ten-
dant à la constitution d'un État qui comprenne la
nation entière. Le mouvement national gagnera bientôt les nations soumises à un régime étranger. Les
Belges se constituent, en 1830, en Royaume indépendant. Les Polonais tentent à la même époque de
secouer le joug qu'on leur a imposé. En Orient,
ce sont les Grecs qui obtiennent leur affranchissement, tandis que les autres populations chrétiennes
soumises au Sultan, préparent un mouvement analogue.

De cette tendance de certaines nations, non uni-
fiées ou soumises, à constituer un État sur la base de
leur nationalité, de nombreux jurisconsultes et publicistes, appartenant surtout à l'école italienne, tirè-

rent un principe de droit international, le principe
des nationalités. Les nationalités, c'est-à-dire ces
fractions du genre humain habitant le même territoire et réunies par des affinités de race ou de langue,
sont les seuls groupements, selon eux, qui méritent
le respect de la personnalité en droit des gens, parce
que seuls ils présentent des éléments de cohésion
suffisants pour avoir une conscience et une volonté
collectives. Les États qui ne sont pas constitués sur
la base de la nationalité, sont le résultat d'une formation arbitraire et contre nature. Ils ne peuvent
avoir qu'un caractère transitoire, car ils portent en
eux le germe de la désunion (1).

La première conséquence de cette théorie est que
ces individualités du droit des gens, formées selon le
principe de la nationalité, jouissent du même droit
fondamental que les personnes de droit civil, du droit
de disposer d'elles-mêmes. A l'intérieur, elles pourront procéder selon leur gré à leur organisation ; à
l'extérieur, elles jouiront de tous les droits inhérents
à la souveraineté des États (2). On ne pourra donc
pas, sans leur consentement, les soumettre ou les

---

(1) Carnazza-Amari, *Traité de droit international public en
temps de paix*, trad. par Montanari-Revest, T. I, p. 106 et suiv. et
223 et suiv. Cf. Mancini, *Della nazionalità come fondamento
del diritto de genti*.

(2) Cf. Em. Olivier, *L'Empire libéral*, T. I, p. 162 et suiv.

maintenir en soumission (1). Le droit des gens moderne doit donc, selon ces auteurs, reposer sur la volonté des populations.

Cette théorie eut son influence sur la politique européenne. Les puissances qui aidèrent les Grecs à former un État indépendant de la Turquie donnèrent la première sanction officielle au principe des nationalités. De grands hommes d'État s'en prévalurent plus tard. Cavour et Bismarck l'exploitèrent au profit de leur pays. Napoléon III, au contraire, en fit le principe dirigeant de sa politique étrangère. Il en donna la formule dans un discours qu'il prononça à Ajaccio au commencement de son règne :

« La nationalité est une réunion de conditions, d'origine, de race, de mœurs, de géographie, d'histoire, de langue, de religion, d'intérêt. Il faut que la nationalité soit dans la volonté de ceux qui la réclament. Il faut, pour qu'un peuple soit digne de former une nationalité, qu'il sache s'affirmer par des sacrifices. »

Pendant tout son règne, il ne cesse de s'inspirer du principe des nationalités. C'est en son nom qu'il demande la réunion des Principautés danubiennes,

---

(1) « Un peuple ne peut dépendre d'un autre ; une telle dépendance, quel qu'en soit le mode, quel qu'en soit le degré, est illégitime. » (Mancini, *Résumé d'un nouveau droit européen*, Turin 1889.)

qu'il fait les guerres d'Italie et du Mexique. C'est le
même principe qu'il invoque aux Conférences de
Londres de 1864, tenues à l'occasion de la guerre
pour les duchés danois (1).

Actuellement encore, nous voyons fonder de grandes espérances sur le principe des nationalités. C'est
sur lui que se fonde le *pangermanisme*, c'est-à-dire
l'idée de quelques publicistes allemands de réunir,
sous un même gouvernement, tous les Allemands
qui sont encore détachés de l'Empire. Le *panslavisme*
est un rêve plus vaste encore. Ses adeptes demandent
la réunion, à l'empire des Tzars, de toutes les populations slaves, si nombreuses en Autriche et en Turquie, sous prétexte qu'ils regardent tous le Tzar
comme le souverain désigné par Dieu (2).

Parmi les critiques qu'il faut adresser au principe
des nationalités, la plus importante s'adresse au fondement même du principe qui ne repose que sur des
données très vagues et souvent contradictoires.

Quel serait le critérium à employer pour déterminer
une nationalité ? Les auteurs nous indiquent la race,
la langue, les traditions historiques communes (3).

---

(1) Cf. P. de Roquette-Buisson, *Du principe des nationalités.*
Paris, 1895, chap. VI.

(2) Cf. R. Fadéjew, *Le développement de la question orientale*
(1870).

(3) Voici une définition qui résume assez exactement les différentes théories émises : « La nationalité est la société naturelle

Comment déterminer exactement ces éléments, comment les concilier ?

L'élément *race* n'offre rien de précis. Les peuples actuels sont des produits de différentes races dont le mélange, loin de constituer un danger, a été au contraire souvent la cause d'une nouvelle force.

Quant à la *langue*, ses limites sont très incertaines. Souvent on trouve un tel mélange de langues sur un même territoire qu'il est difficile et même impossible de distinguer celle qui domine. Comment ferait-on, par exemple, pour appliquer le principe des nationalités en Macédoine ou dans certaines parties de l'Autriche-Hongrie ? (1).

Les traditions historiques sont souvent en opposition directe avec la race et avec la langue.

La situation géographique est parfois telle que des races toutes différentes, englobées dans les mêmes frontières naturelles, ont pu, à travers l'histoire, vivre en parfaite harmonie et constituer un État commun. L'exemple le plus frappant en est la Suisse. A un autre point de vue, il se peut qu'un peuple de même race soit divisé par des obstacles naturels en

des hommes, basée sur la communauté de race, de territoire, de langue, de mœurs, de traditions et sur la conscience de sa prédestination à la suprême union sociale dans l'État. » Ferroro-Gola, *Corso di diritto internazionale pubblico, privato et marittimo.*

(1) Cf. Pour la critique de ces éléments de la nationalité : P. de Roquette-Buisson, op. cit., p. 85 et suiv.

plusieurs agglomérations distinctes qui ont suivi chacune leur développement propre, au point de ne plus éprouver le besoin de se réunir. Il n'existe plus alors cette volonté commune dont les théoriciens font un des éléments essentiels de la nationalité.

Les difficultés d'application du principe des nationalités augmentent encore si nous l'envisageons au point de vue des rapports entre les différent États. Nous passons ici du domaine de « la nationalité » dans celui du « cosmopolitisme ». Même en admettant que toutes les nationalités, avec les parcelles qui en sont politiquement détachées, renferment en elles tous les éléments nécessaires pour être aptes à avoir une volonté commune, on ne peut pas, au point de vue du droit des gens, faire du droit des nationalités un principe fondamental. Appliqué dans toute sa rigueur il se trouverait en conflit avec des droits acquis, avec des intérêts multiples qu'il serait dangereux de troubler. Sous prétexte de réunir dans un même État tous les individus qui parlent la même langue, il excite les haines de race, il devient une cause perpétuelle de rivalités et de guerres. C'est ainsi qu'on ne peut approuver les visées du parti irrédentiste italien qui demande la réunion à l'Italie de territoires étrangers à la population italienne. La couronne des Alpes semble imposer une limite aux prétentions des Italiens. Viser

au-delà, serait porter atteinte aux droits historiques
des peuples voisins.

Que faut-il donc retenir du principe des nationalités? Érigé en principe de droit, il n'est pas suffisamment justifié par ses motifs, il est dangereux par ses
conséquences. S'il a triomphé parfois dans l'histoire,
c'est en dehors de toute idée préconçue. C'est qu'a-
lors la nation a suivi une formation libre et a trouvé
en elle-même la force nécessaire pour se constituer
en État. Il en a été ainsi de l'Allemagne, de l'Italie.
Ou encore qu'elle a été soumise à un peuple barbare
avec lequel l'assimilation n'était possible sur aucun
terrain ; telles sont les nations chrétiennes qui se sont
détachées et se détacheront encore de la domination
turque.

Le seul cas où le principe des nationalités se trouve
d'accord avec les principes du droit des gens, est celui
où il s'agirait d'un État déjà constitué sur la base de
la nationalité. Porter atteinte à un pareil État serait
un abus de force. Le partage de la Pologne ne serait
plus possible dans l'état actuel de la science et de son
influence sur la politique.

La constitution de l'union des Principautés roumaines dont nous nous occuperons dans cette étude est
un exemple frappant de l'application du principe des
nationalités ramené à ses justes proportions. La nation
roumaine occupe, sur la carte de l'Europe, un îlot

régulièrement découpé et à peine interrompu par quelques petites enclaves peuplées de Hongrois et d'Allemands. Le principe des nationalités n'a cependant triomphé que sur la moitié environ de cet îlot. Le Royaume actuel de Roumanie ne renferme que six millions d'habitants sur les douze millions d'individus parlant le roumain. Il faut en rechercher la cause dans la situation géographique. La chaîne compacte des Carpathes, à peine franchissable en de rares endroits, partage la race roumaine en deux moitiés dont les destinées ont été toutes différentes.

Au sud et à l'est de ces montagnes les Roumains ont pu former des États indépendants. S'ils ont été pendant de longs siècles sous la domination de fait des Turcs, leur nature n'a été nullement altérée par l'influence de ceux-ci.

Les traits de caractère du chrétien et du musulman sont trop diamétralement opposés pour qu'ils puissent avoir l'un sur l'autre la moindre action. Le Turc obéit au Coran qui lui enseigne des principes exclusifs et exterminateurs. Il a pu soumettre par la force de ses armes de nombreuses populations chrétiennes, il n'a pas voulu se les assimiler. Le chrétien à son tour est trop fier pour admettre le contact d'un peuple inférieur par l'intelligence et la capacité de travail et de civilisation. On s'explique donc que les liens entre les Principautés et la Turquie se soient relàchés lorsque la puissance turque faiblit et que les Roumains des Principautés aient pu se constituer en nation unifiée (1).

Il n'en est pas de même des Roumains qui habitent les versants nord et ouest des Carpathes. Cette région, qui renferme la province de Transylvanie et les districts voisins, a été rattachée au Royaume de Hongrie, puis avec celui-ci à l'Empire d'Autriche et s'est trouvée, dans son développement historique, reliée à leur sort. Les Roumains de Transylvanie n'ont pas toujours, il est vrai, supporté aisément le voisinage et la domination haineuse des Hongrois. Il ont souvent fait entendre leurs doléances et leurs revendications nationales. Mais ils communiquaient difficilement avec leurs frères d'outre-monts et il n'a pas pu encore s'établir cette « volonté commune » qui donne de la force à une nation et la pousse à réunir ses membres épars. Les liens de la langue subsistent, il est vrai, liens puissants qui créent des sympathies réciproques, des aspirations intellectuelles semblables, des obligations de soutien moral mutuel, mais qui ne suffiraient pas à créer des droits à la formation d'un État commun. Les idées daco-roumaines sont encore du domaine du rêve.

(1) Il faut faire abstraction des Roumains de Bukovine et de Bessarabie qui ont été soumis par la violence aux Empires d'Autriche et de Russie.

Le mouvement vers la réunion des Roumains n'a donc pu prendre racine et se développer que dans les deux Principautés danubiennes. Nous examinerons dans la suite les phases par lesquelles a passé l'idée de l'union des deux Principautés à travers les intérêts souvent contraires des puissances et les négociations diplomatiques auxquelles elle donna lieu avant d'aboutir.

CHAPITRE PREMIER

LA PRÉPARATION DE L'UNION

—

INTRODUCTION. — Importance européenne de la question de l'union.
I.   — Causes de la séparation des deux Principautés. Les premières
         tentatives d'union.
II. — La naissance du mouvement national.
III. — L'union dans ses rapports avec les puissances voisines.
IV. — L'union et le protectorat russe.

« Le point de gravité de l'équilibre européen, a
dit Talleyrand, est sur le Bas-Danube. » Ce mot du
grand diplomate, qui fut prononcé à une époque où
les affaires de la péninsule des Balkans cessaient
d'être une question de rivalité entre puissances limitrophes pour attirer l'attention des diplomates de
l'Europe entière, trouva sa justification complète
vers le milieu de ce siècle. C'est sur le Bas-Danube
en effet que fut donné le signal de la lutte ouverte
des nationalités contre les principes légitimistes proclamés par le Congrès de Vienne et à ce titre seul ce
mouvement, qui pouvait créer un fâcheux précédent,
ne devait pas laisser l'Europe indifférente.

Il y avait d'autres causes plus décisives, parce qu'elles touchaient à des intérêts immédiats et rivaux, qui firent de la question des Principautés une question européenne.

La Turquie avait sur elles des droits de suzeraineté qu'elle était d'autant plus jalouse de conserver que sa puissance allait sombrer et qu'elle se sentait menacée jusque dans son existence même sur la rive européenne du Bosphore.

La richesse des pays roumains et leur position géographique sur la route de Byzance les désignaient à la convoitise de leurs voisins l'Autriche et la Russie. S'il y produisait un mouvement qui pût porter ombrage à leur influence, elles étaient les premières intéressées à l'étouffer.

Il y avait donc sur le Bas-Danube d'une part une question de rivalité très accentuée entre les trois Empires orientaux. D'autre part les puissances occidentales voyaient aussi leur intérêt en jeu. Le pouvoir nouveau du second Empire avait besoin de s'affermir, de s'imposer à l'Europe par une politique extérieure ferme et résolue. L'empereur Napoléon III ne pouvait donc laisser régler cette question importante sans dire son mot, sans chercher à imposer ses principes et à faire triompher ses intérêts. De son côté l'Angleterre, inquiète des progrès grandissants de la Russie en Orient, avait aussi un intérêt puissant à ce que la résolution de la question ne fût pas le prétexte d'un nouvel accroissement de la puissance moscovite.

Telle était donc la situation générale des conflits que cette question pouvait faire naître lorsqu'elle arriva à un degré d'acuité qui rendait nécessaire un règlement définitif. Nous nous proposons de jeter dans ce chapitre un coup d'œil rétrospectif sur l'origine du mouvement national dans les deux Principautés et sur les premières tentatives d'union qui ont été faites avant la guerre de Crimée.

I. — L'origine des Roumains remonte aux colonies romaines établie par Trajan dans sa nouvelle conquête, la Dacie. Surpris par les invasions barbares qui ravagèrent les plaines du Danube, ces colons cherchèrent un refuge dans les vallées des Carpathes et ne quittèrent leurs abris naturels que lorsque les barbares se furent dispersés. Ils suivirent deux voies différentes. Les uns descendirent les vallées des deux grands affluents du Danube, le Seret et le Pruth et fondèrent la Principauté de Moldavie dont les limites naturelles sont marquées par la chaîne des Carpathes et le Dniester. Les autres occupèrent la vaste plaine du Bas-Danube à laquelle s'applique le terme de « pays roumains » proprement dit. Les étrangers s'accoutumèrent à dénommer leur principauté du terme slave de Valachie. D'autres Roumains enfin s'étendirent sur le versant nord des Carpathes et durent s'y soumettre à la domination hongroise. C'est ainsi que la configuration géographique détermina la scission des Roumains en trois tronçons. Nous ne nous occuperons ici que des deux Principautés indépendantes de Moldavie et Valachie.

Bien qu'unies par les liens puissants d'une origine et d'une langue communes, bien qu'elles fussent également exposées aux attaques de voisins puissants, Turcs, Polonais, Hongrois, Russes, les deux Principautés suivirent un développement distinct. Durant cinq siècles d'une histoire mouvementée et souvent malheureuse, l'idée d'une union n'eut pas la force de se réaliser d'une façon durable.

Quel pouvait en effet être le point de départ d'une pareille idée. Les paysans, pauvres, ignorants, opprimés ne voyaient pas plus loin que les limites du lopin de terre qu'ils cultivaient. Aucun vestige artistique ou littéraire ne lui représentait comme aux Italiens le souvenir d'une grandeur passée, ne lui communiquait cette fièvre patriotique qui fait naître des idées d'amour-propre national. Les villes existaient à peine, parce qu'il n'y avait pas d'industrie et presque pas de commerce. Quant aux nobles, ils tenaient trop à leurs privilèges pour songer à les amoindrir par une centralisation du pouvoir qui aurait entraîné une augmentation de puissance du prince.

Le mouvement ne pouvait donc pas naître d'en bas. Il ne reçut pas davantage d'impulsion puissante

de la part des princes. Il eut fallu pour cela que l'un
des deux arrivât à gagner sur l'autre une prépondé-
rance assez forte pour réunir les deux pays par voie
de conquête. Or les deux Principautés étaient d'une
étendue à peu près égale et il était difficile de songer à ce que l'une d'elles atteignît l'hégémonie sur
l'autre. Il eût fallu aussi que les dynasties fussent
héréditaires pour qu'un prince conçût un plan de conquête qu'il pût léguer à son successeur s'il ne le
menait pas lui-même à bonne fin. Or le pouvoir était
électif et de plus peu stable. Les princes, élus à un
âge relativement avancé, ne pouvaient compter sur un
long règne et ignoraient le plus souvent à qui, après
leur mort ou leur écartement par la violence, écher-
rait la succession. Ils n'avaient donc aucun intérêt à
entreprendre des plans à longue portée et se conten-
taient de s'acquitter bien ou mal de leur tâche à l'intérieur et de se défendre contre les attaques du
dehors.

On ne peut soutenir cependant que les projets
d'union aient fait complètement défaut dans l'histoire. Les chroniqueurs nous citent plusieurs exemples de princes qui, se distinguant par l'élévation de
leur caractère et leur humeur conquérante, eurent
des velléités de s'emparer de la Principauté voisine.
« Mircea le Voïvode, prince de Valachie (1), dit

____

(1) 1386-1418.

Ureche, ayant eu vent des troubles dont la Moldavie était le théâtre, crut pouvoir essayer d'accaparer ce pays pour qu'il soit sous son obéissance, espérant s'en emparer facilement, grâce aux collisions des cavaliers et des fantassins et aux mécontentements provoqués par le voïvode Despot (1). »

Basile le Loup, prince de Moldavie, réformateur hardi, rêvait de détrôner son rival, Mathieu Bassarabe, et de s'emparer de sa Principauté de Valachie. Plus près de nous, Constantin Brancovano, prince de Valachie, lorsqu'il était encore dans les bonnes grâces du sultan, fut sur le point d'obtenir de lui l'investiture au trône de Moldavie, lorsqu'il céda aux remontrances craintives de son oncle le Stolnic Cantacuzène (2).

(1) Grégoire Ureche, *Collection des Chroniques moldaves,* T. III, p. 186.

(2) « Le voïvode Brancovano, voulant faire déposer le voïvode Constantin Duca, dit au vézir que c'est le prince actuel de Moldavie qui a compromis de pays. Et le vézir lui répondit : « Mais pourrais-tu avoir soin aussi de ce pays pour qu'il reste à ta charge et que tu le gouvernes ? » Brancovano ayant entendu cela fut tout heureux à l'idée qu'il serait prince des deux pays, car c'est en vue de ce résultat qu'il recrutait des troupes étrangères chez nous et travaillait au renversement de nos princes afin d'affaiblir le pays. Mais à cette question, Brancovano ne voulut pas répondre au vézir avant d'avoir l'avis de ses oncles, surtout celui de Constantin, le Stolnic Cantacuzène, et il pria le vézir de lui accorder cinq jours afin de réfléchir, après quoi il lui ferait connaître sa détermination. Le Stolnic Cantacuzène lui écrivit pour lui dire qu'il devait rendre grâce à Dieu que la volonté de ses ennemis n'avait

Un seul prince, Michel le Brave (1), réussit à réunir sous son sceptre non seulement les deux Principautés, mais toute la race roumaine. Après avoir humilié les Turcs par une victoire, il conquit la Transylvanie, qui avait passé avec la Hongrie sous le sceptre de l'Empereur d'Allemagne, et, légalement investi par Rodolphe II de la dignité de gouverneur de cette province, il fut assez puissant pour se rendre maître aussi de la Moldavie. Il s'intitule désormais :

« *Valachiac transalpinæ hereditarius Princeps, Regni Transylvaniæ Dominus, nec non Moldaviæ supremus gubernator et Dominus et totius Christianitatis processor et capitaneus.* »

Son œuvre fut éphémère et ne lui survécut pas. Le sentiment national n'avait encore aucune racine et le peuple était incapable de se représenter la grandeur de l'idée d'union. Les Principautés reprirent donc leur marche, chacune de son côté, et subirent dans la suite toutes les humiliations et tous les malheurs qui peuvent atteindre de petits peuples enserrés entre des voisins rivaux et assoiffés de conquêtes.

II. — Une ère nouvelle s'ouvrit au commencement de ce siècle. La proclamation des droits de la nation

pas triomphé et qu'il ne se mêle pas d'autre chose. » Jean Nicoucea, *Chroniques moldaves*, T. II, p. 399.

(1) 1593-1601.

par la Révolution française avait produit une profonde impression en Europe et son écho avait pénétré jusque dans les Principautés danubiennes. Ce fut bientôt l'époque où les Grecs, soutenus par les sympathies de l'Europe, réussissaient à former un État indépendant, où les Italiens, las de leurs despotes étrangers, commençaient leur grand mouvement du « risorgimento », où les Allemands eux-mêmes, malgré leurs sentiments loyaux envers des dynasties séculaires, jalouses de leur souveraineté, cherchaient le moyen de réaliser l'unité de la nation.

Concuremment avec ces exemples venus du dehors, on remarque à cette époque un puissant mouvement intellectuel parmi les Roumains. Malgré l'œil vigilant des gouvernements voisins, la culture de l'esprit commença à s'étendre dans les rangs de la population. On commença à connaître l'histoire, à en tirer des déductions pour l'avenir, et les plus hardis mirent en avant par la plume et la parole l'idée d'une confraternité roumaine, reposant sur l'unité de la langue et des mœurs, sur les malheurs communs, sur les aspirations identiques.

Ils trouvèrent un terrain tout préparé dans le peuple, dont les sentiments étaient révoltés contre les abus de la domination étrangère. Un besoin impérieux et irréfléchi vers l'émancipation le poussait Le soulèvement des paysans sous Tudor Vladimiresco en 1821, sans but déterminé, allant vers un avortement

certain, est une manifestation typique de l'état d'âme
du paysan à cette époque.

Les boyards eux-mêmes qui commencèrent par
leurs études à l'étranger à acquérir la culture occi-
dentale, se pénétrèrent d'une morale politique plus
élevée que celle qui consistait à se cramponner à
leurs privilèges. Ils se mirent à l'unisson du mouvement et ajoutèrent à la demande de l'union des
Principautés le désir de les voir placées sous le gouvernement d'un prince étranger. Ils voyaient les
troubles et dangers qui résultaient des compétitions
incessantes pour le trône. Une lettre d'un diplomate français, M. de Bois le Comte, datée de 1834,
nous donne des détails intéressants à ce sujet. Après
avoir constaté que « les deux Principautés, unies par
la communauté de leur origine, de leur langue, de
leur histoire et de leur position politique actuelle,
aspirent à se fondre dans un seul État », il nous
rapporte des conversations qu'il a eues avec des boyards influents de cette époque. « Mon père a été
hospodar, me disait le beyzadé Ghika, mon oncle
l'est maintenant, et cependant il n'est pas de sacrifices que je ne ferais pour procurer à mon pays les
deux seules bases d'existence qui puissent lui permettre d'espérer quelque stabilité : la réunion des
deux Principautés et l'élévation d'un prince étranger. » — « Nous accepterions avec des larmes de reconnaissance un prince étranger, quel qu'il fut, me

disait le grand vornic Philipesco (1). » Nous verrons plus tard que c'est un boyard également. M. Catargi, qui le premier dans une assemblée officielle, en présence d'un délégué russe, proposa l'union des deux provinces sous un même gouvernement.

Le peuple roumain était mûr désormais pour comprendre tous les avantages matériels et moraux qui pouvaient résulter de la réunion des deux Principautés, et il ne s'agissait plus que de trouver la force nécessaire pour que cette union put se réaliser. Les circonstances politiques se présentaient favorablement. Le mouvement national coïncidait avec la décadence progressive de la Turquie, qui avait été de tout temps l'obstacle le plus sérieux au libre développement des Principautés, et avec les progrès de la Russie, dont la politique consistait alors à flatter les sentiments nationaux des Roumains. Pour nous expliquer les rapports qui existaient entre ces Puissances et les Principautés il nous paraît nécessaire de retracer le rôle qu'elles ont joué à leur égard dans le cours de l'histoire.

III. — Lorsque le drapeau conquérent du Prophète se déploya pour la première fois sur le sol

______

(1) Cette lettre fut insérée plus tard dans le *Moniteur officiel* du 18 septembre 1856. Reproduite dans N. Blaramberg, *Essai comparé sur les Institutions et les lois de la Roumanie*, Bucarest, 1883, p. 304.

européen, les Principautés roumaines venaient à peine d'être fondées. Elles eurent à lutter souvent pendant les premiers siècles de leur existence avec leurs voisins les Hongrois et les Polonais qui espéraient les soumettre. Les Roumains se comportèrent bravement, mais ils ne se sentirent pas assez forts pour prévoir une résistance durable. Aussi, lorsqu'ils vinrent en contact avec leurs nouveaux voisins les Turcs, dont les qualités de conquérants unies à leur fanatisme barbare inspiraient déjà la terreur à l'Europe, reconnurent-ils que leur intérêt était de s'appuyer plutôt sur les Turcs que de les combattre.

S'ils prenaient une attitude nettement hostile aux Turcs, ils devaient s'attendre à être un jour ou l'autre leur proie, comme le furent les Grecs, les Bulgares, les Serbes. En consentant au contraire une légère déchéance de souveraineté à leur profit ils atteignaient deux buts également désirables. D'une part la protection par leurs suzerains contre les invasions des Polonais ou des Hongrois, d'autre part une sécurité au moins relative contre les entreprises des Sultans.

D'un autre côté, il ne faut pas s'étonner si les Sultans, au milieu de leur gloire, au moment où la fine fleur de la chevalerie hongroise, allemande, française trouvait son tombeau à Nicopolis, au moment où Constantinople tombait en leur pouvoir, où ils dominaient toute la péninsule des Balkans, où le chemin de la Hongrie leur était ouvert, s'ils ont consenti à traiter avec les princes de Moldavie et de Valachie sur un pied de quasi-égalité, s'imposant, en en retour du droit de suzeraineté, jusqu'à l'obligation de faire défense à tout sujet musulman de s'établir dans les Principautés.

Les Moldaves et les Valaques durent d'être épargnés d'abord à la bravoure dont ils avaient fait preuve à diverses reprises en repoussant les attaques des Turcs, ensuite et surtout à leur position géographique.

Les visées conquérantes de la Turquie ne vont pas. dans la direction des Principautés, au-delà du Dniester. Elle ne lancera pas ses armées dans les steppes russes ou polonaises dont la possession ne peut avoir pour elle une grande valeur. Le but de ses conquêtes est situé plus à l'ouest. L'ennemi qu'elle combattra est l'empire d'Allemagne. Elle veut atteindre le centre même de cette puissance, Vienne, dont l'accès à travers les vastes plaines hongroises est difficile à défendre et se prête admirablement au déploiement de ses grandes armées. C'est donc en remontant le cours du Danube qu'elle poussera ses conquêtes. Elle soumet la Serbie, elle soumettra la Hongrie et fera flotter le croissant au sommet de la citadelle de Bude.

Quant aux Principautés, bien protégées par le large cours du Danube, elles ne servent à la Turquie que d'avant-postes pour la défensive contre une invasion venue du côté de la Russie. Si elle occupe les forteresses qui défendent la ligne du Dniester et celle du Danube et qui lui serviront à la fois de moyens de défense et de moyens de tenir en respect les princes moldo-valaques, elle a suffisamment pourvu, de ce côté-là à ses intérèts, sans s'imposer la difficulté de soumettre un peuple valeureux qui eût malaisément supporté un joug plus étroit.

Conformément aux capitulations avec la Porte (1), les Principautés continuent à jouir des prérogatives d'une administration intérieure, libre et indépendante. Elles conservent le droit d'élire leurs princes et de se donner des lois. La Porte ne devait exercer aucune ingérence dans leurs affaires intérieures et ne manifestait sa suzeraineté que par le prélèvement d'un tribut annuel et le droit de donner l'investiture aux princes.

Le cours des événements fit renoncer les Turcs à leurs ambitions conquérantes. A partir de leur échec

(1) Pour la Valachie : 1349 sous Bajazet Ier et 1469 sous Mahomet II. — Pour la Moldavie : 1513 sous Bajazet II et 1525 sous Soliman le Magnifique. Cf. pour les rapports qui existent en vertu de ces capitulations entre les Principautés et la Porte et les violations qui en ont été faites dans le cours de l'histoire : La situation politique des anciennes Principautés Roumaines du Danube avant 1878. Leurs rapports avec la Turquie et avec les autres États, par M. Boéresco. (*Revue générale de droit international public*, mai-juin 1897.)

sous les murs de Vienne, en 1683, le christianism
commmence à triompher de l'islamisme. Refoulés d
plus en plus et chassés par le traité de Passarowitz d
tout le territoire hongrois, ils ne voient plus la possi
bilité d'attaquer la puissance des Habsbourg. Ils sor
réduits au rôle de la défensive et ce rôle leur devier
d'autant plus difficile qu'ils auront désormais de
ennemis puissants à combattre. Ils devront donc s'a.
surer plus fortement de la soumission des Princ
pautés.

C'est l'Autriche d'abord qui, après avoir reco
quis la Hongrie, rêve d'un démembrement de l'En
pire ottoman à son profit. Ses vues sur les Principa
tés danubiennes datent de longtemps. Dès la fin d
XVIe siècle, lorsque l'armée turque se heurta à
résistance victorieuse de Michel le Brave, prince c
Valachie, l'empereur Rodolphe II soutint ce prin
et favorisa ses entreprises contre Bathory, prince c
Transylvanie. Il lui conféra le gouvernement de cet
province avec le secret espoir d'étendre son droit c
protection aux Principautés danubiennes. Son pla
échoua devant la puissance grandissante de Mich
et il finit par s'en débarrasser en soudoyant s
meurtriers (1).

La guerre de Trente-Ans détourne ailleurs l

(1) Cf. *L'Autriche, la Turquie et la Moldo-Valachie*,
M. B*** (Bolintineano), Paris, 1856.

préoccupations de l'Allemagne. De nouvelles tentatives d'établir un protectorat sont faites après les premiers revers des Turcs sous les murs de Vienne. Serban Cantacuzène, prince de Valachie, prévoyant le déclin de la puissance ottomane, chercha un appui du côté de l'Allemagne. Il conclut un traité secret avec l'Empereur, qui lui reconnut le droit d'hérédité sur le trône valaque sous la protection de l'Autriche. Cantacuzène rêvait même de chasser, avec l'aide de l'Autriche, les Turcs de l'Europe et de se faire reconnaître empereur de Byzance, comme descendant de l'illustre famille des Cantacuzène, dont deux membres avaient occupé le trône de l'Empire d'Orient. Il avait déjà la promesse d'appui de la part de l'Empereur lorsque la mort vint couper court à ses ambitions (1).

Les progrès de l'Autriche en Orient s'arrêtent au traité de Passarowitz (1718), qui suit les victoires du prince Eugène de Savoie. Ce traité leur assure non seulement la prise de possession définitive de toute la Hongrie, mais encore l'occupation d'une partie de la Serbie et de la Petite-Valachie. Ces deux provinces lui furent d'ailleurs reprises par le traité de Belgrade (1739). A partir de cette date, la politique orientale de l'empire des Habsbourg est obligée de

---

(1) Cf. Xenopol, *Histoire des Roumains*, T. IV (éd. roum.), p. 265 et suiv.

s'effacer devant les progrès de la Russie, qui a sur elle l'avantage de la communauté de religion avec les peuples chrétiens soumis à la domination de l'Empire ottoman.

Pierre le Grand, lorsqu'il eut assis sur de solides bases la puissance intérieure de son empire, songea à lui donner des débouchés sur la mer Baltique et sur la mer Noire. Il conçut de vastes projets qui consistaient à pousser l'influence moscovite vers les Balkans, où s'étend le vaste îlot slave des Bulgares et des Serbes, à se proposer pour but l'occupation de Constantinople, destinée à ouvrir à la flotte et au commerce russe l'accès de la Méditerranée et à devenir une perpétuelle menace pour les puissances occidentales.

Le chemin de Byzance conduisait à travers les Principautés danubiennes, et c'est là, en premier lieu, qu'il s'agissait d'établir la suprématie russe. Les Valaques et les Moldaves, étant orthodoxes comme les Russes, il était de bonne politique de leur inspirer par la voie de la religion commune les sympathies et la confiance. Les Russes ne s'en firent pas défaut et, durant tout le siècle qui suivit, ils se posèrent en libérateurs de leurs frères orthodoxes.

Pierre le Grand trouva sur les bords du Pruth une résistance énergique à ses projets et, gêné dans la suite par la guerre contre la Suède, il dut léguer à ses successeurs le rêve qu'il avait formé.

Les Turcs ne se trompèrent pas, malgré leurs suc-

cès, sur les dangers dont ils étaient menacés par la
Russie. Ils avaient pu se rendre compte que les
Princes moldave et valaque et leurs sujets avaient
accueilli les troupes du Tsar avec une sympathie en-
thousiaste. Il importait donc de consolider les moyens
de résistance sur la rive gauche du Danube. Les
Turcs y établirent de leur propre autorité, sans aucun traité, une mainmise plus complète. Ils s'assu-
rèrent un moyen puissant de contrôle en s'arrogeant,
malgré le texte formel des capitulations, le droit de
nommer eux-mêmes les hospodars et ils les choisi-
rent dans les familles grecques du Phanar, dévouées
par leurs intérêts à la cause turque.

L'impératrice Elisabeth à son tour attaqua la Turquie, mais elle échoua comme Pierre le Grand. Ce
n'est que lorsque la Russie eut achevé de constituer
sa domination au Nord, lorsque, définitivement établie dans les provinces baltiques, elle eut anéanti
avec la complicité de ses voisins la puissance polo-
naise, qu'elle put reprendre sérieusement ses visées
sur la Péninsule Balkanique. Le premier partage de
la Pologne rendit la Russie maîtresse du Grand-
Duché de Lithuanie qui, par ses provinces méridio-
nales l'Ukraine et la Podolie touchait à la principauté
de Moldavie. Les Principautés n'étaient donc plus
séparées que par le Dniester de la Russie et étaient
ouvertes désormais à l'envahissement immédiat des
troupes russes.

Catherine II pouvait donc parler haut et reprendre les idées proclamées par le testament de Pierre le Grand. A la suite d'une guerre victorieuse elle conclut le traité de Kutchuk-Kaïnardji (1774) qui constitue le premier pas vers une mainmise effective des Russes sur les Principautés danubiennes.

L'article 26 de ce traité dit « que suivant les circonstances où se trouveront les Principautés et leurs souverains, les Ministres de la Cour de Russie pourront parler en leur faveur, et la Turquie leur promet d'avoir égard à leurs représentations ». L'article 7 affirme plus explicitement encore l'ambition de la Russie de jouer le rôle de protectrice de la religion chrétienne dans l'Empire Ottoman. « La Sublime Porte, y est-il dit, promet de protéger constamment la religion chrétienne et ses églises, et aussi elle permet aux ministres de la Cour impériale de Russie de faire dans toutes les occasions des représentations tant en faveur de la nouvelle église à Contantinople que pour ceux qui la desservent, promettant de les prendre en considération, comme faites par une personne de confiance d'une puissance voisine et sincèrement amie. »

Ces dispositions ont pleinement acquis la confiance des Roumains pour Catherine. La grande Impératrice ne s'arrête pas là dans sa générosité pour ses coréligionnaires. Elle veut se les attacher plus fortement, elle veut leur octroyer l'union et l'indépendance,

indépendance toute relative bien entendu, puisqu'elle sera tout à l'avantage de la Russie. Le souverain de cette nouvelle Dacie serait de la religion chrétienne dominante dans les Principautés. Il faut entendre par là que ce sera un grand duc de Russie, puisque la maison des Romanov est alors la seule en Europe qui professe la religion orthodoxe. Ce nouvel État ne sera donc qu'un avant-poste russe contre la Turquie.

Quant à cette Puissance, les plans de Catherine II la font disparaître d'Europe. Elle rétablit à Constantinople l'empire de Byzance sous son petit-fils le grand-duc Constantin. Pour l'exécution de ces grands projets elle a besoin de l'alliance de l'Autriche dont elle a déjà provoqué la sympathie, en lui facilitant, en 1777, la prise de la Bukorvine. Elle achève de la gagner en lui promettant la faculté de se tailler une large part dans les dépouilles de l'Empire Ottoman. La Petite-Valachie, Belgrade et quelques autres forteresses sur la rive droite du Danube, la Bosnie, la Dalmatie feront partie de son apanage. L'Autriche dont le déclin en Orient était sensible, consentit volontiers à l'alliance qui lui était offerte, jointe à des promesses si tentantes (1).

(1) Les préliminaires de cette alliance se trouvent dans une correspondance entre Catherine II et Joseph II, de l'année 1782. Nous extrayons d'une lettre de l'Impératrice de Russie, du 10 septembre 1782, le passage relatif aux Principautés : « Deux principes immuables doivent faire la base de notre convention éventuelle :

L'Autriche et la Russie partirent donc en guerre. Catherine occupa les pays musulmans qui se trouvaient encore sur la rive gauche du Dniester et aurait peut-être réalisé son plan si les affaires de Pologne et les dangers qui menaçaient l'Europe du côté de la France n'avaient rendu nécessaire une paix prématurée (Jassy 1792) qui, en dehors des conquêtes sur la mer Noire entre le Boug et le Dniester, n'ajouta rien à l'influence russe sur la péninsule même des Balkans. Quant à l'Autriche, elle avait déjà fait la paix l'année précédente à Sistowa et elle ne gagnait que le petit district d'Orsova.

1° D'arranger les choses de manière à prévenir toute discussion entre les trois Empires et par conséquent éviter autant que possible un voisinage immédiat entre eux ; 2° Une parfaite égalité dans les acquisitions que la monarchie de V. M. I. et la mienne se proposent de faire en cas de guerre contre l'Empire turc. Quant au premier point, il conviendrait, ce me semble, de statuer préalablement et à jamais *qu'il y eût un Etat indépendant* entre les deux Empires qui seraient maintenus à toujours dans l'indépendance des trois monarchies. Cet État, jadis connu sous le nom de *Dacie*, pourrait être formé des provinces de Moldavie, Valachie et Bessarabie sous un souverain de la religion chrétienne dominante dans lesdits États et sur la personne et la fidélité duquel les deux cours pourraient compter, ayant soin en même temps que ce nouvel État dont le souverain devra être héréditaire, restera entièrement indépendant, sans pouvoir jamais être réuni ni à la Russie ni à l'Autriche, comme aussi que nos deux Empires ne consentiront jamais qu'il tombe dans la dépendance de quelqu'autre puissance. » — V. Arneth, *Joseph II und Catharina*, Vienne 1869, p. 143; D. Stourdza et Genadius Petrescu, *Actes et documents relatifs à l'histoire de la régénération de la Roumanie*, T. I.

Après la mort de Catherine II ses projets ne cessèrent pas un instant d'être le but de tous les efforts et de toutes les négociations des hommes d'État russes et leur tâche fut d'autant plus facile que l'Europe semblait se désintéresser de ses progrès en Orient. Napoléon Ier lui-même, après Tilsitt, bien qu'il n'eût jamais voulu admettre que la Russie s'installât à Constantinople, ne fit cependant pas d'opposition, au prix d'une alliance qui lui était chère, à ce que l'empereur Alexandre prît pour lui les Principautés danubiennes.

L'époque tourmentée de l'Empire, ne laissa pas à l'empereur Alexandre le loisir de s'emparer des pays roumains. Il sut néanmoins s'y tailler une large part. La paix de Bucarest (1812), qui fut conclue au moment où l'alliance des deux Empereurs s'effondrait, assura à la Russie la prise de la Bessarabie.

Le Congrès de Vienne laissa de côté cette grave question d'Orient qui menaçait déjà de devenir l'occasion de tant de complications. Les diplomates européens trop occupés à sauvegarder les principes légitimistes en Occident, laissèrent à la Russie le soin de s'occuper de l'Orient. L'Autriche elle-même, l'Autriche de Metternich, songeait plutôt à calmer les mécontentements des populations soumises à son sceptre que d'empêcher la Russie de faire ce qu'elle voulait sur le Danube.

Quant à la Turquie, rien ne pouvait plus la sauver

de sa décadence. Partout les populations chrétiennes aspirent à secouer son joug. Le pouvoir central n'a plus la force de réprimer ces mouvements. Les efforts des sultans réformateurs, Sélim III, Mahmoud, plus tard, Abdoul-Medjid sont impuissants à le secouer de sa torpeur.

Dans ces conditions, les Principautés, remuées par un puissant courant national, devaient fatalement échapper à leur domination. Dès l'année 1822, la Turquie céda sur un point important. Elle leur rendit le droit de nommer, au moyen de leurs assemblées de boyards indigènes, des princes de leur choix. C'était la fin du règne corrompu et corrupteur des Phanariotes, le commencement d'une ère nouvelle où l'administration intérieure devenait purement nationale. Le dernier vestige de la puissance ottomane consistait dans la confirmation des princes et dans le prélèvement d'un tribut annuel, chose à laquelle la Sublime Porte tenait par dessus tout.

L'indifférence des Puissances, la décadence de la Porte, les aspirations des Roumains qui attendaient un soutien, toutes ces causes réunies, rendaient le rôle de la Russie singulièrement facile. L'empereur Nicolas qui venait de monter sur le trône posa tout de suite la question des Principautés comme une affaire personnelle à régler entre la Porte et lui, la séparant ainsi des affaires de Grèce qui intéressaient la collectivité des Puissances. Il commença par occuper les

Principautés, puis, usant de son pouvoir d'intimidation, profitant aussi des embarras grandissants causés aux Turcs par l'insurrection grecque, il leur dicta la convention d'Akerman.

Cette convention constitue, de fait au moins, une abdication presque complète des droits de suzeraineté de la Porte au profit de la Russie. La Porte conserve, il est vrai, le droit de confirmer les hospodars élus par les divans pour sept années. Mais cette faculté même était illusoire. D'une part la Russie comptait assez sur son influence pour ne pas laisser élire un candidat qui ne lui convînt pas. D'autre part, si le candidat déplaisait à la Porte, le traité stipule expressément qu'elle ne pourrait le repousser que si ces motifs étaient avérés par les deux cours. Le texte du traité ajoute que, s'il arrive qu'un des hospodars abdique avant l'accomplissement du terme de sept années, la Sublime Porte en donnera connaissance à la cour de Russie et l'abdication pourra avoir lieu après un accord préalable des deux cours. Les hospodars auront égard aux représentations des ministres de S. M. I. et à celles que les consuls de Russie leur adresseront d'après ses ordres.

On voit donc que chacune de ces dispositions contribuait à placer les Principautés sous la dépendance de la Russie et qu'en fin de compte c'est toujours la volonté de celle-ci qui devait l'emporter, tant pour l'élection du prince que pour ses actes de gouvernement.

Deux ans à peine après ce succès, Nicolas Ier, craignant que la Turquie sous le réformateur Mahmoud ne sortit de sa torpeur sans prendre l'avis de ses alliés d'Occident, saisit quelques motifs personnels de mécontentement pour entrer en guerre avec la Turquie. Après une lutte chaude elle se termina à son avantage.

Le traité d'Andrinople (14 septembre 1829) qui marque la fin de cette guerre, vint consacrer la prédondérance des Tsars en Orient. Ce traité était conçu avec une rare habileté. Se posant toujours en libératrice des chrétiens opprimés, la Russie obtient encore une série de mesures destinées à assurer sa suprématie.

Les forteresses turques sur la rive gauche du Danube seront rasées. Les hospodars seront nommés à vie et ne pourront être dépossédés que du consentement de la Russie. En lisant entre les lignes on pouvait y ajouter qu'ils pourront toujours être dépossédés par la Russie.

La Turquie s'engage par un autre article à confirmer les règlements administratifs faits durant l'occupation par les agents de la cour impériale. Les Principautés resteront astreintes à l'occupation des troupes russes jusqu'au payement des frais de guerre fixés à 125 millions et payables dans un délai de 10 ans.

Enfin l'article 5 consacre le *droit de garantie* de la Russie pour les droits des Principautés.

IV. — En vertu de son droit d'occupation le Tsar commandera pendant quelques années en maître absolu sur les Principautés et le rôle qu'y devront jouer ses agents en face du mouvement national se précisera.

La Russie était encore considérée par la population roumaine comme une libératrice, malgré les rigueurs et les abus que l'état de guerre avait fatalement produits. Il ne fallait pas compromettre cette réputation sous peine de mécontenter les Moldo-Valaques et d'attirer l'attention de l'Europe sur ce point. Le rôle des agents russes consistait donc à ménager les aspirations des Roumains, tout en établissant insensiblement mais fortement sa domination et en réprimant toute velléité d'indépendance.

Les premiers gouverneurs, Pahlen et Zoltuchin, qui administrèrent les Principautés pendant la guerre, s'étaient attachés surtout à cette dernière tâche. Zoltuchin n'hésita pas à reléguer en Bessarabie le métropolitain Grégoire dont le patriotisme et l'influence sur les masses pouvaient devenir dangereux à l'influence russe.

Lorsque la paix fut rétablie, la Russie s'appliqua au contraire à affirmer la différence qui existait entre son gouvernement et le régime turc. La convention d'Akerman prévoyait la rédaction d'un règlement organique, contenant les réformes politiques et sociales nécessaires au bien-être des Principautés,

Déjà commencées par les assemblées de boyards, ces réformes devaient être continuées sous l'administration russe.

L'Empereur de Russie ne put faire de meilleur choix que celui qu'il fit en mettant à la tête de cette administration le comte Kisseleff. Celui-ci mit au service de la politique russe un caractère loyal et généreux, joint à d'excellentes qualités de réformateur, et une résolution ferme de s'employer à être utile aux Roumains (1).

Les efforts qu'il fit dès son arrivée pour mettre un terme aux épidémies de peste et de choléra qui depuis quelques années exerçaient des ravages considérables, lui valurent tout de suite la confiance et les sympathies des populations et il put à loisir diriger la rédaction du règlement de manière à conserver à la Russie la haute main sur tous les rouages du pouvoir, tout en tenant compte dans la mesure du possible des vœux des Moldaves et des Valaques.

Parmi ces vœux, celui qui hantait le plus vivement les esprits et les cœurs de la grande majorité,

____

(1) « Le général Kisseleff n'est pas un général d'armée ; c'est un administrateur et un organisateur. Actif, infatigable, impérieux, aimant à commander, aimant à faire, ne craignant ni les détails, ni les redites, il trouvait dans les Principautés de quoi exercer ses talents, car tout était à faire et à organiser ; il fit et organisa tout, et tout selon les principes de l'administration française et selon l'esprit français. » (Saint-Marc-Girardin, *Souvenirs de voyages et d'études*.)

était de voir réunir sous un même gouvernement des frères de race dont les rêves et les intérêts avaient des buts identiques.

La résolution de cette question ne manquait pas de causer des inquiétudes aux Russes. Fallait-il l'étouffer dans son germe comme un danger pour le pouvoir russe, dont l'ascendant pouvait un jour décroître, et qui se trouverait, si l'idée se réalisait, en présence d'un État uni et fort, au lieu d'avoir affaire à deux États faibles et malléables entre lesquels elle pouvait à l'occasion jouer le rôle généreux et profitable d'arbitre ? Fallait-il, au contraire, encourager le mouvement et gagner en retour l'éternelle reconnaissance d'un peuple arrivé à la réalisation de son plus cher désir ?

Entre la politique d'intérêt pur et la politique de sentiment, dont les résultats pratiques pour la Russie ne pouvaient être prévus d'une manière sûre, le gouvernement russe, se rappelant le projet de Catherine II de créer de sa propre autorité une nouvelle Dacie, s'arrêta à un parti moyen. Il fut hostile à l'union en tant qu'elle serait le résultat d'un mouvement national. Il ne répugnait pas au contraire à l'octroyer lui-même, en mettant à la tête de l'État nouveau un gouvernement sûrement dévoué à sa cause.

Le désir d'union fut manifesté officiellement pour la première fois au sein même de la Commission de rédaction du Règlement organique de Moldavie. Un grand boyard, le vistieunic Georges Catargi fit la proposition formelle de réunir les deux gouvernements en un seul. Cette proposition fut acclamée par tout le comité et trouva même l'assentiment des délégués russes. Leur gouvernement lui-même n'y mit pas d'opposition et chargea la Commission d'y donner suite. Peut-être songeait-il alors à mettre, à la tête des Principautés unies, un prince russe qui aurait resserré leurs liens de dépendance.

Mais les sphères dirigeantes de Saint-Pétersbourg ne persistèrent pas dans leur idée première. Catargi, ayant ajouté à sa proposition la clause que le prince n'appartiendrait à la maison régnante d'aucune des trois puissances voisines, la Russie ne voyait plus d'avantage à laisser l'union se faire dans ces conditions et l'abandonna (1).

Elle ne voulut pas pourtant se poser en adversaire absolue de l'union. Elle voyait trop combien les Roumains y tenaient. Elle crut se tirer d'affaire en cédant le plus qu'elle pouvait sur le terrain de la législation et des institutions administratives.

Quant au gouvernement central, elle se contentait de faire, sous la forme d'une constatation de la nécessité de l'union, des promesses toutes platoniques. La Russie n'envisagea pas que le courant était assez

____

(1) Cf. Xenopol, op. cit., T. VI, p. 518 et s.

fort pour briser tous les obstacles dès qu'une issue, si petite qu'elle fût, lui était ouverte.

Les réformes et les promesses dont nous parlons se trouvent dans le texte même des Règlements organiques des deux Principautés. L'article 425 de cette œuvre législative constate que « l'origine, la religion, les usages et la conformité de langage des habitants des deux Principautés, ainsi que leurs besoins mutuels, contiennent dès le principe les éléments d'une union intime qui a été entravée par des circonstances fortuites et secondaires ». Les avantages et les conséquences salutaires résultant de la réunion de ces deux peuples ne sauraient être révoqués en doute. Les éléments de la fusion du peuple moldo-valaque sont posés dans ce règlement même, par l'assimilation de l'administration des deux pays.

L'article suivant envisage la nécessité de l'institution d'une « Commission mixte de la part des gouvernements des deux Principautés, destinés à transformer en un seul corps les lois moldo-valaques, l'identité des législations étant un des moyens les plus appropriés pour réaliser cette unité morale ».

Conformément à cet article, les règlements des deux Principautés contiennent en effet bien des points communs. Le mode de représentation aux divans, l'administration des districts furent organisés sur le même pied. On s'habitua ainsi à envisager dans l'avenir une union plus intime.

C'est ainsi que l'occupation russe avait fait faire
aux Principautés un pas considérable vers la réalisation de leurs vœux.

L'action des Russes devint plus oppressive après
l'évacuation qui n'eut lieu qu'en 1834, après que de
nouveaux princes eurent été nommés conformément
aux dispositions du traité d'Andrinople. Ces princes
durent se soumettre la plupart du temps aux exigen-
ces des consuls de Russie, qui s'appliquaient à réprimer toute manifestation ayant un caractère d'émancipation de la nation. On doit cependant au prince
Georges Bibesco (1842-1848), une mesure excellente
en vue de la fusion des destinées des deux Principautés.

Ce prince eut le grand mérite de confondre les intérêts économiques des deux pays en provoquant la
suppression de la ligne de douanes qui les séparait.
Nulle entrave, désormais, au libre échange des produits, nulle marque visible d'une frontière entre les
nations sœurs, si ce n'est ce pauvre petit ruisseau
paresseux, le Milcov, maudit par le poète (1). Un texte
officiel de 1853, traitant des conditions d'affermage
des douanes put décréter que « partout où dans ces
conditions il est parlé de frontières, de limites ou de
bornes, l'on doit comprendre la ligne qui entoure les
deux Principautés ».

(1) Poésies de J. Vacausco.

Les bonnes intentions du prince Bibesco, le premier depuis le commencement de l'ère phanariote qui avait été élu par une assemblée de boyards indigènes, ne furent pas méconnues par le peuple. Lorsqu'il se souleva en 1848, c'est sur lui que l'on comptait pour se mettre à la tête des réformes qui s'imposaient. Mais, en face du double péril de la démagogie naissante et de l'intervention russe, ce prince préféra se retirer.

Le mouvement de 1848, tel qu'il se présenta au début, fut l'explosion du mécontentement général contre le protectorat oppressif de la Russie. Il est un avertissement pour cette puissance que le peuple roumain commence à sentir et à vouloir qu'il en a assez de la domination étrangère. Il est le présage d'une ère nouvelle d'indépendance et de liberté et comme tel il mérite le respect et l'admiration.

Son caractère changea lorsqu'il s'agit de mettre quelque chose à la place de ce qu'on prétendait démolir. Le prince Bibesco ayant abdiqué, il n'y avait plus à la tête de la Valachie de gouvernement légal. Dès lors, les chefs du mouvement, les jeunes surtout, se lancèrent dans une aventure dangereuse qui, dans la situation où se trouvait la Valachie, ne pouvait aboutir qu'à un échec. Des jeunes politiciens inexpérimentés, qui avaient étudié la démocratie en France, des sectaires disciples des Mazzini et de Louis Blanc, soutenus par la foule des mécontents, des envieux et des incapables et par une partie du peuple, enivré de paroles, élaborèrent tout un programme social reposant sur l'affranchissement de l'individu.

S'inspirant des idées de la grande Révolution auxquelles le peuple français avait été longuement préparé par sa propre évolution et par les écrits des philosophes, ils les transportèrent d'emblée dans les Principautés. Faisant table rase du passé, ils ne s'inspirèrent que de leurs théories, ne tenant aucun compte du tempérament, des aptitudes, des croyances du peuple roumain, sur lesquelles s'appuyaient bien des traditions. Ils oublièrent ce sage précepte donné par Lamartine aux réformateurs : « Il ne faut pas déraciner inutilement, mais greffer, autant qu'on le peut innocemment, la sève nouvelle sur le vieil arbre. Les racines de l'erreur portent ainsi plus vite et plus sûrement des fruits de vérité. »

Certes il y avait de nombreux abus à combattre et tous les honnêtes gens le savaient. Il y avait dans leur programme des projets de réformes qui s'imposaient, telles que l'égalité des droits civils, l'émancipation des paysans, l'abolition des peines corporelles. D'autres qui se présentaient comme des buts auxquels il fallait tendre, tels que l'égalité des droits politiques, la liberté de la presse. Il y en avait d'autres en revanche qui étaient dictés par un esprit de démagogie des plus dangereux, ainsi la responsabilité du chef de l'État, son élection pour cinq ans par le peuple entier, son choix possible dans toutes les classes de la société, l'élection des fonctionnaires.

Au milieu de ce fatras d'idées, les révolutionnaires de 48 n'oublièrent qu'une chose : c'est que les Roumains ne dépendaient pas encore d'eux-mêmes (1). Quelques jeunes gens avaient bien décrété l'indépendance, mais cela ne suffisait pas. Aussi les plus prudents se mirent-ils en matière de politique étrangère, sur le terrrain de la légalité. « Indépendance administrative et législative, dit le premier article des « vœux du peuple », *fondée sur les traités* (avec la Porte) *de Mircea et de Vlad V*, et non-intervention des puissances étrangères dans les affaires du pays. »

Ils reconnaissaient donc la souveraineté de l'Empire Ottoman comme seule restriction légale à leur liberté, avec l'obligation de les protéger contre la Russie. Mais la Turquie, dans l'état de décadence où elle se trouvait, pouvait-elle rien entreprendre contre le puissant Empire du Nord ? Peut-être comptaient-ils sur l'appui de l'Europe, de la France, sur la foi du manifeste de la seconde République. Mais l'Autriche, la Prusse, la France même, trop occupées chez elles, ne songeaient pas à ce moment à des entreprises extérieures.

---

(1) « Voués exclusivement à la régénération du citoyen, les Roumains semblèrent ajourner la régénération de la patrie. » (Elias Régnault, *Histoire politique et sociale des Principautés danubiennes*, Paris 1855, p. 262.)

La Russie avait donc les coudées franches pour
intervenir et elle avait beau jeu devant les tendances
dangereuses de la Révolution, pour invoquer son
droit de protection. Elle gagna la Turquie en lui faisant envisager que les Roumains ne tendaient à rien
moins qu'à s'affranchir de leurs liens de vasselage.
Malgré les déclarations contraires des Roumains, la
Porte ne profita pas de leurs bonnes dispositions à
son égard. Elle se laissa duper par la Russie, envoya
une troupe d'occupation et établit un gouvernement
contre-révolutionnaire. Le Tsar n'attendait qu'une
occasion pour envoyer à son tour ses troupes. Elle
lui fut offerte par un choc sanglant qui eut lieu à
Bucarest entre les troupes turques et des soldats valaques. Dès lors la puissance protectrice devait entrer
en scène. Un corps russe traversa le Pruth, occupa
les deux Principautés, et bientôt après, le sened de
Balta-Liman (1er mai 1849), conclu avec la Turquie,
décidait du sort à venir des Principautés.

Ses dispositions leur font faire un pas en arrière.
Les hospodars devront désormais être élus pour sept
ans et non plus à vie, comme le stipulait le traité
d'Andrinople. De plus, les premiers hospodars Barbo Stirbey en Valachie et Grégoire Ghika en Moldavie furent directement nommés par la Puissance suzeraine et la Puissance protectrice.

Voilà donc le résultat immédiat auquel aboutit la
Révolution de 48. Les Principautés eurent le bonheur

d'avoir à leur tête des princes pénétrés de leur mission qui accomplirent les réformes les plus urgentes (1). Quant aux principes à allures républicaines, ils furent heureusement oubliés.

Ce qui resta du mouvement de 48 dans la forme spontanée sous laquelle il s'était présenté au début, ce fut l'écho des protestations unanimes contre les procédés arbitraires de la Russie. Les chefs exilés, dont le patriotisme, à défaut de la clairvoyance, est au-dessus du moindre doute, s'en firent les porte-paroles à l'étranger et adressèrent des appels chaleureux à la sympathie des nations occidentales.

L'opinion publique et les gouvernements ne furent pas sourds. Lorsque la nouvelle invasion des Russes en 1853 amena contre eux une puissante coalition, l'affaire des Principautés allait devenir la principale question à régler.

(1) Stirbey, par une loi de 1851, adoucit le sort des paysans. Le 2 février 1856 il prononce l'abolition de l'esclavage des bohémiens. Ghika prend des mesures analogues. De plus c'est sous lui que fut proclamée pour la première fois la liberté de la presse.

CHAPITRE II

CONFÉRENCES DE VIENNE. — TRAITÉ DE PARIS

—

I. — Lorsque les troupes russes quittèrent les Principautés pour défendre les points menacés de l'Empire, les Roumains furent pris des plus belles espérances. Ils étaient persuadés que les Puissances qui allaient décider de leur sort y mettraient plus d'impartialité que n'en avait montré la Russie durant les longues années où les Gouvernements roumains avaient été réduits, bon gré malgré, à une obéissance passive envers elle. On pensait que les vœux de la nation seraient enfin exaucés, et tous les regards se dirigèrent vers la France dont la générosité envers les peuples opprimés s'était si souvent manifestée. Partout les voix s'élevèrent pour lui faire connaître l'état où se trouvaient les Principautés et les réformes qu'elles réclamaient.

De nombreux auteurs français qui connaissaient la Roumanie, soutinrent de leur autorité impartiale ce qui, dans les ouvrages roumains, pouvait paraître dicté par des besoins de polémique (1).

(1) Voici la nomenclature des plus importants ouvrages publiés en français sur la situation et les vœux des Principautés à cette époque : J. Héliade Radulesco, *Histoire de la régénération roumaine en 1848*, avec tous les documents propres à éclairer le dernier mouvement valaque et la question des Principautés danubiennes, Paris, 1850. — P. Bataillard, *Les Principautés danubiennes*, Paris, 1850. — J. R., *Le Protectorat du Czar, ou la Roumanie et la Russie*, Paris, 1850. — Princesse A. Ghika, *La Valachie moderne*, Paris, 1850. — J. Héliade, *Mémoires sur l'histoire de la régénération roumaine et sur les événements de 1848 accomplis en Valachie*, Paris, 1851. — G. Chainoi (Ion Ghika), *Dernière occupation des Principautés danubiennes par la Russie*, Paris, 1852. — A. Lévy, *La Russie sur le Danube*, Paris, 1853. — Général comte de Ficquelmont, *La politique de la Russie et les Principautés danubiennes*, Paris, 1855. — D. Bolintineanu, *Les Principautés roumaines*. — J.-C. Bratiano, *Mémoire sur l'empire d'Autriche dans la question d'Orient*, Paris, 1855. — *Affaires d'Orient. Réorganisation des Principautés danubiennes*, Paris, 1856. — E. Texier, *Appel au Congrès en faveur des Roumains*, Paris, 1856.—B***, *L'Autriche, la Turquie et la Moldo-Valachie*, Paris, 1856.—G. Ganesco, *Diplomatie et nationalité*, Paris, 1856.— J.-S. Vaillant (directeur de l'école Saint-Sava de Bucarest), *L'Empire c'est la paix*, Paris, 1856. — Mémoire de S. A. S. Grégoire, Ghika X, prince régnant de Moldavie, adressé aux Conférences de Vienne le 30 septembre 1854, publié par Lantival (Vaillant), Paris, 1856. — C. Bolliac, *Mémoires pour servir à l'histoire de la Roumanie*, Paris, 1856. — P. Bataillard, *La Moldo-Valachie dans la*

Ces ouvrages font tous ressortir d'abord l'imprudente négligence dont avait fait preuve l'Europe en laissant si longtemps la Russie maîtresse de la situation, et l'importance qu'il y avait à fortifier les Principautés pour en faire une digue contre les envahissements de leur puissante voisine.

« Parmi les questions, négligées par l'Europe, dit un auteur, mises en lumière par la guerre, la plus importante, sans contredit, est celle des Principautés danubiennes. Les événements sont venus donner raison à ceux qui prédisaient à l'Europe indifférente de prochains bouleversements à l'occasion du bouleversement de ces pays obscurs qu'elle dédaignait du haut de sa civilisation. En vain lui demandait-on un peu de prévoyance, les secours de ses lumières et de son expérience pour les Principautés, en vain dénonçait-on les sourdes menées, les progrès croissants de l'ennemi universel... Propos d'insensé ou d'agitateur, répondait-on en haussant les épaules ; et l'Europe retournait à ses affaires et à ses plaisirs, sans se douter de la lourde liquidation que 1855 lui tenait en

manifestation de ses efforts et de ses vœux, Paris, 1856.— P. Bataillard, *Premier point de la question d'Orient. Les Principautés de Moldavie et de Valachie devant le Congrès*, Paris, 1856. — A. Sancjouand, *Les Principautés roumaines devant l'Europe*, Paris, 1856. — G^{ve} W. de Th., *Un mot sur les vraies Principautés danubiennes*, Paris, 1856. — Cf. G. Bengesco, *Bibliographie franco-roumaine du XIXe siècle.* — Quelques-unes de ces brochures ont été reproduites dans D. Stourdza, op. cit., t. II et III.

réserve... Les événements actuels ont bien changé la face des choses ; nul n'ignore maintenant l'importance de ces pays, et il sera malaisé désormais d'en imposer au public sur ce sujet (1). »

Écoutons maintenant l'opinion d'un auteur français :

« ... Remarquons que le véritable chemin de la Russie vers Constantinople n'est pas, comme on l'a dit quelquefois, la Mer Noire, mais bien la voie de terre. Sans doute, une flotte peut être d'une grande utilité à la Russie dans une entreprise sur Constantinople ; mais la création d'une flotte est l'affaire de quelques années ; tandis que c'est par des efforts poursuivis pendant un siècle que le Czar s'est préparé la voie du côté du Danube et des Balkans. Une telle persistance indique assez la juste importance que la Russie attache à cette route stratégique. Cette route, en effet, n'est pas seulement un passage, elle est en même temps une immense conquête.

« La conclusion naturelle de ce qui précède, c'est que la Moldo-Valachie ayant été jusqu'ici le point central de toute la stratégie militaire et diplomatique de la Russie dans ses entreprises projetées sur l'Orient et, en même temps, l'objectif qu'il lui importait d'anéantir pour développer sa stratégie pro-

____

(1) *Régime actuel des Principautés danubiennes*, par Mme la comtesse Stourdza, née princesse Gikha, Paris, 1856.

pagandiste, *c'est ce point là qu'il s'agit de fortifier contre elle*. A la place d'une nation affaiblie, appauvrie, démantelée, paralysée dans tous ses éléments de vie par le régime que lui ont imposé de concert la Turquie et la Russie, — faire surgir comme par enchantement une nation forte, en la replaçant dans les conditions nécessaires au développement de ses grandes ressources militaires, de ses inépuisables richesses agricoles et de sa vitalité nationale si persistante qu'elle a survécu à quinze siècles d'invasions ; créer ainsi une barrière décisive entre la Russie et la Turquie, que les czars ont désignée de longue main pour leur proie, entre cette même Russie et les peuples gréco-slaves qui sont le levier le plus puissant dont les czars disposent pour l'accomplissement de leurs desseins ; de cette nation ressuscitée, faire une alliée certaine, inaliénable de la Turquie, non seulement contre la Russie, mais contre l'Autriche, dont les convoitises suivent ici à la piste celles de la Russie ; élever en même temps à un degré inconnu l'influence des nations occidentales en Orient ; donner, par l'exemple de la régénération moldo-valaque, une direction nouvelle aux populations chrétiennes, grecques et slaves, de l'Europe orientale ; apporter par là, dès à présent, à la Turquie, l'autorité morale qui lui manque pour accomplir les réformes si bien intentionnées, mais d'une application si difficile, qu'elle cherche à réaliser parmi ses sujets chrétiens : ce serait là sans doute une belle solution de la question d'Orient, et cette solution est facile, car elle dépend tout entière de la reconstitution de la Moldo-Valachie en nation forte (1). »

Certes, la tâche du Congrès, de trouver une solution qui satisfasse à la fois les besoins internationaux et les aspirations nationales ne sera pas facile, d'autant plus que, sur ce dernier point, les auteurs qui interprètent l'opinion publique ne sont eux-mêmes pas d'accord. Les uns — le plus grand nombre — veulent maintenir la suzeraineté de la Turquie comme sauvegarde contre la Russie, les autres plus hardis, demandent l'indépendance complète. Les uns veulent se placer sous le gouvernement d'un prince étranger, ce qui écartera les compétitions intérieures et donnera plus de prestige à la dynastie. Cette idée répugne au contraire à d'autres ou du moins ne leur paraît pas essentielle (2).

Il est un point cependant sur lequel tout le monde est d'accord, c'est la nécessité d'unir les deux Principautés sous un même gouvernement. Cette solution constitue d'abord la force dont les Puissances ont besoin pour arrêter la Russie, elle satisfait ensuite au

(1) *Les Principautés de Moldavie et de Valachie devant le Congrès,* par P. Bataillard, archiviste paléographe, Paris, 1856, p. 9 et suiv.

(2) Voir sur ce partage d'opinion, les *Mémoires du prince Nicolas-Soutzo,* Vienne, 1899, p. 278 et suiv.

mouvement national, elle entraîne enfin des avantages matériels, tel que l'économie résultant de la suppression de nombreux rouages administratifs devenus inutiles par la centralisation (1).

Les opinions qui eurent le plus de poids sur l'argumentation des diplomates qui furent favorables à l'union furent celles des deux princes régnants Barbo Stirbey et Grégoire Ghika. Tous deux étaient plus à même que tout autre de connaître les besoins du pays. Tous deux réunissaient toutes les conditions nécessaires pour être de nouveaux candidats au trône. Ils

(1) « La réunion des Principautés en un seul État sous la suzeraineté du Sultan, devrait être placée au-dessus de tous les autres vœux des Roumains. Deux États qui, sous tous les rapports semblent être faits pour n'en former qu'un seul, sont forcés d'avoir deux listes civiles pour deux princes. Une double chaine de ministres d'État, de juges, d'archevêques. Cette duplicité de toutes les branches du pouvoir, ne fait qu'occasionner des dépenses inutiles qui pourraient être employées à construire des routes et autres améliorations dont ces pays ont toujours été privés. (*L'Autriche, la Turquie et la Moldo-Valachie*, par M. B''' (Bolintinéano) 1856.

« Les économies résultant de l'Union seraient considérables et d'une importance véritable dans un pays où l'industrie n'a pas encore prodigué ses richesses. Les capitaux étrangers afflueraient avec plus de sécurité dans un État de 6 millions d'habitants, que dans des provinces tronquées. Avec deux Principautés il y a deux princes. deux ministères, deux assemblées, etc. L'Union c'est la concentration du pouvoir, de l'administration, des affaires, c'est la vraie richesse du pays. Devenus citoyens d'un grand État, les habitants des Principautés grandiraient à leurs propres yeux et il ne faut pas oublier que la confiance en soi est la première condition de force chez un peuple. » (*Appel au Congrès en faveur des Roumains*, par Edmond Texier, Paris, 1856.)

déclarèrent néanmoins tous deux à diverses reprises, et c'était une garantie de leur impartialité, que l'union sous un prince étranger était nécessaire à la régénération des deux pays.

Grégoire Ghika surtout, qui s'était signalé pendant les dernières années de son règne par une série de réformes libérales, appuya chaleureusement ce projet.

C'est son mémoire présenté aux conférences de Vienne qui servit de base à la demande du plénipotentiaire français (1).

II. — Dès le début de la guerre de Crimée les Puissances, désireuses de ne pas prolonger les hostilités, s'occupèrent à entamer des négociations au sujet des quatre points qu'elles désiraient voir régler

(1) « Les motifs produits par le plénipotentiaire français à l'appui de sa proposition, étaient empruntés presque textuellement à un mémoire que le prince régnant de Moldavie, Grégoire Ghika, avait transmis l'année précédente à la conférence. Ce mémoire avait frappé d'autant plus vivement M. de Bourquenay, qu'il émanait d'un homme que sa position mettait plus qu'aucun autre à même de connaître l'état et les besoins de son pays, et dont la sincérité dans tous les cas ne pouvait être suspectée, puisque la conséquence forcée de l'union, dans la pensée du prince, devait être l'avènement d'une dynastie étrangère. » (*Les Principautés Unies devant la Conférence*, Paris, 1866).

« Le devoir de tout bon patriote, écrit le prince lui-même à son fils, le général Jean Ghika, est de se pénétrer de l'idée que les deux principes de l' « Union » et du « Prince étranger » soient proclamés en même temps. (Lettre du 8 avril 1857.) — Cf. *Trente ans de règne du roi Charles Ier* (en roum.), Bucarest, 1897, Introd. de M. D. Stourdza, p. XI.)

pour mettre fin à la suprématie de la Russsie en Orient.

Ces quatre points étaient : 1° Suppression du protectorat russe sur les Principautés et son remplacement par la garantie collective des Puissances; 2° Déclaration de la liberté de navigation sur le Danube ; 3° Révision de la Convention des détroits du 13 juillet 1841 dans un intérêt d'équilibre européen ; 4° Abandon par la Russie de la protection des chrétiens soumis à la domination ottomane.

Les conférences où ces points devaient être discutés s'ouvrirent à Vienne le 15 mars 1855, sous la présidence du ministre autrichien des affaires étrangères, comte Buol. Dès les premières séances on s'occupa de la situation future des Principautés. Les Puissances voulaient les soustraire au droit de garantie que la Russie s'était fait consentir par les traités antérieurs, et dont elle avait si étrangement abusé. Elles entendaient maintenir au contraire les droits de suzeraineté de la Turquie sur la base des anciennes capitulations.

C'est dans une de ces séances que la question de l'union fut pour la première fois mise sur le tapis dans une réunion de diplomates européens. Nous lisons en effet dans le *Protocole* n° 2 du 17 mars 1855 (1) que M. de Bourquenay, plénipotentiaire de

____

(1) V. D. Stourdza et Mgr Ghenadie Petrescu, op. cit., t. II, p. 623.

France, repousse pour les Principautés la dénomination de « territoire », ne voulant pas exclure la possibilité de réunir un jour les territoires des deux Principautés en un seul, si jamais cette réunion était jugée de nature à faciliter leur administration et à favoriser leurs intérêts bien entendus.

Dans la séance du 26 mars le plénipotentiaire français revient à la charge (1). Il demande à déposer au protocole un exposé par lequel son gouvernement a développé quelques points de vue qui n'ont pas été pris en considération par la conférence au moment où ont été établis les principes dont l'application doit assurer la réalisation de la première garantie.

Cet exposé, qu'on trouve dans une annexe au même protocole, rappelle d'abord le but que se proposent les Puissances en améliorant le sort des provinces Danubiennes.

« D'après le texte même des notes de Vienne et l'interprétation qui leur a été donnée d'un commun accord, la pensée des trois cabinets alliés a été, non seulement de soustraire le territoire des Principautés à une influence qui s'y exerçait exclusivement, mais aussi d'en faire une sorte de barrière naturelle qu'elle ne puisse plus désormais franchir pour menacer l'Empire Ottoman au cœur même. »

(1) V. *Protocole* nᵒ 6, Stourdza, op. cit., T. II, p. 138 et suiv. ; Testa, *Recueil des Traités,* IV, 2, p. 248.

L'exposé recherche ensuite le parti à prendre (
l'appuie sur de forts arguments :

« Parmi les combinaisons qui se présentent pou
assurer à la Moldavie et à la Valachie une consistanc
et une force suffisante, la première nous paraît d
voir être l'union en une seule des deux Principauté
Il n'est pas nécessaire d'insister sur ce que la natu
a fait pour faciliter cette union, sur l'identité de
langue, des mœurs, des lois et des intérêts. Le vœ
des deux provinces à cet égard se présente conforr
aux convenances des Gouvernements alliés ; elles
devraient voir dans leur fusion administrative q
l'application d'un plan qui est depuis de longues a
nées l'objet de leurs préoccupations constantes, et (
avait même été indiqué dans l'un des articles de le
règlement organique élaboré par la Russie en 18·
à une époque où tout révélait un effort pour ce
sommer leur séparation morale d'avec l'Empire Ot
man. »

Le document se termine par des considérations :
le gouvernement futur à donner aux Principaut
Pour lui donner les conditions de force et de du
nécessaires, son rédacteur croit indispensable d'é
blir une monarchie héréditaire et conseille fortem
qu'on fasse appel, comme pour la Grèce, à un m
bre d'une famille régnante d'Europe.

Après avoir donné lecture de cet exposé, le pl
potentiaire de France ajoute que son intention n

pas de soulever à présent une discussion sur les points qui y sont traités et que, dans tous les cas, il est bien entendu qu'ils ne sauraient faire l'objet d'une délibération commune sans le consentement de la Porte. Les autres envoyés réservèrent prudemment leur opinion sur cette question épineuse.

La proposition du baron de Bourquenay n'était encore qu'une simple insinuation, un ballon d'essai lancé par la France pour pressentir l'opinion des Puissances. Elle n'eut pas de suite pour le moment, d'autant plus que les conférences furent interrompues au bout de trois mois, la Russie ayant fait des difficultés au sujet de l'acceptation du troisième point.

La France se réserva donc d'insister pour la réalisation de son désir lorsqu'on commencerait les négociations définitives de paix. Ce laps de temps permit aux cabinets européens d'étudier la question de plus près et de prendre position pour ou contre l'union. Avant d'aborder les négociations du congrès de Paris, nous rechercherons donc quels étaient les intérêts sur lesquels les Puissances s'appuyèrent pour motiver leur opinion (1).

---

(1) Nous citerons, pour caractériser la complexité des intérêts en jeu, le passage suivant d'un historien de l'époque qui parle de la question de l'union : « Nous avons besoin d'avertir nos lecteurs qu'il leur faut prendre en mains le fil d'Ariane pour nous suivre à travers les labyrinthes d'une diplomatie tortueuse, mélange de byzantinisme et de moscovitisme, avec une surcharge de traditions autrichiennes et de compromis britanniques. Qu'on ajoute à cela

III. — Quelles étaient les causes qui déterminèrent
le gouvernement français à prendre en mains avec
tant de chaleur la cause des Roumains ? Pourquoi la
France s'intéressait-elle subitement à eux, tandis
qu'elle avait pendant si longtemps laissé la main libre
à la Russie dans ces contrées ?

La situation géographique des Principautés les
plaçait en dehors de la sphère des intérêts directs
de la France. Le commerce entre les deux pays était
à peu près nul. Les articles français ne trouvaient
pas d'acheteurs dans un pays aussi pauvre et aussi
éloigné (1). Quant aux céréales roumaines. la garde
jalouse que les Turcs avaient établi sur les détroits,
en empêchait l'exportation vers les ports de la Méditerranée. La Roumanie était donc à peine connue
en France à la fin du XVIIIe siècle et personne ou à
peu près ne savait qu'il y avait là des frères latins
soumis au joug d'une puissance islamite.

les agitations des Roumains de la Moldo-Valachie s'essayant à la
politique, s'égarant dans des voies diverses, et l'on aura le tableau
encore incomplet des intrigues qui se groupent autour de cette
question jusqu'ici sans solution : Union des Principautés danubiennes. » (El. Régnault, *Mystères diplomatiques aux bords du
Danube*, Paris, 1858, p. 2.)

(1) « Paris n'a pas un grand commerce direct avec ce pays et il
n'y avait dans la capitale que deux ou trois maisons qui trafi-
quaient d'articles de France seulement, les autres négociants les
prenaient à Leipzig. » *Nouvelles observations sur la Valachie,
sur ses productions, sur son commerce, etc.*, par F.-G.-L. (Laurençon), Paris, 1822.

Il faut ajouter que la France avait perdu sous le règne de Louis XV, à l'avantage de l'Autriche et de la Russie, l'influence prépondérante qu'elle avait exercée en Orient depuis François Ier. Les destinées des Principautés ne se réglèrent donc pendant longtemps qu'entre voisins.

Si les intérêts de la France ne la poussaient pas du côté des Principautés, il n'en est pas moins vrai que l'influence française commença à s'y faire puissamment sentir dès le commencement de ce siècle. Le terrain lui fut préparé par les Roumains euxmêmes.

Les princes phanariotes qui, avant leur installation, avaient presque tous occupé les hautes fonctions de drogmans de la Sublime Porte, étaient obligés de par leur emploi d'acquérir une instruction très complète dans laquelle entrait la connaissance de la langue française (1). Arrivés au trône, ils continuaient à cultiver leur esprit par la lecture d'ouvrages français et cherchaient à répandre parmi les boyards le goût de la langue et de la littérature françaises (2).

(1) V. Pompiliu Eliade, *De l'influence française sur l'esprit public en Roumanie*, Paris, 1898, p. 137 et suiv. — Xenopol, *Histoire des Roumains*, éd. française, T. II, p. 346 et suiv.

(2) Voici un passage du *Spectateur du Nord*, écrit en décembre 1801, au sujet probablement du prince Alexandre Morouzi qui régna en Valachie de 1793 à 1796 et de 1799 et 1801 : « Pendant que la France devenait barbare, il y avait des pays barbares qui devenaient français, et quand le plus pur de notre sang rougissait les

Ils s'adjoignirent souvent des secrétaires français qui
servirent en même temps de gouverneurs à leurs fils et
qui laissèrent plusieurs écrits intéressants sur leurs
observations dans les Principautés (1). Les boyards
imitèrent l'exemple des princes et envoyèrent bientôt leurs fils chercher à Paris même l'éducation française.

C'est ainsi que l'influence française se répandit de
plus en plus en Roumanie et que, par contre-coup, la
France apprit à connaître ce pays et à juger l'importance politique qu'il pouvait avoir.

Des rapports officiels furent établis pour la première fois entre la France et les Principautés sous le
gouvernement du Directoire. Le citoyen Fleury fut
nommé consul général à Bucarest le 18 ventôse an VI
et la même année le citoyen Parrant obtint sa reconnaissance comme vice-consul à Jassy.

ruisseaux de Paris, la Cour de Bucarest jouait à toute sorte de petits jeux d'esprit ; l'hospodar lui-même, élevé par un français, ami
des français, parlant notre langue aussi facilement que nous, en-
touré d'une demi-douzaine de nos compatriotes expatriés, dont il
avait fait sa société intime, leur donnait l'exemple de la réflexion
et de la morale jusque dans les plus frivoles amusements. » —
Cf. l'introduction de M. G. Bengesco à son ouvrage cité, p. XIII.

(1) Carra, *Histoire de la Moldavie et de la Valachie*, avec une
dissertation sur l'état actuel de ces deux provinces, Paris, 1778. —
Lettres sur la Valachie, ou observations sur cette province et ses
habitants, par F*** R*** (F. Recordon). — *Nouvelles observations
sur la Valachie*, par F.-G. Laurençon, Paris, 1822. — *Voyage en
Valachie et en Moldavie*, avec des observations sur l'histoire, la
physique et la politique, par M. N.-M. Lejeune, Paris, 1822.

Le premier homme d'État qui sut mesurer le parti
que pouvait tirer la France des Principautés pour
arrêter les progrès de la Russie et ressaisir l'influence
perdue en Orient, fut Talleyrand. Ses projets ne sont
pas encore inspirés par les sympathies pour une
nation sœur. Ce n'est pas par la création d'un État
Roumain fort qu'il veut opposer une digue contre
l'envahissement de la Turquie par les armées du
tsar. Mais il voit que c'est sur le Bas-Danube qu'il
faut agir avant tout. C'est à l'Autriche qu'il attribue
le rôle de s'opposer à la Russie. C'est donc la puissance de l'Autriche qu'il veut fortifier et c'est à elle
que, dans son mémoire sur la question d'Orient,
écrit en 1805, il parle d'offrir les Principautés
Roumaines avec la Bessarabie et les embouchures
du Danube (1). Il créait par là un perpétuel état
d'hostilité entre la Russie et l'Autriche et rompait la
coalition européenne formée contre la France.

Cette idée, si chère à Talleyrand, était moins pré-
cise dans l'esprit de Napoléon. Il voyait bien aussi
que le rôle des Principautés aux yeux de la France
était de servir de pomme de discorde aux Puissances
coalisées contre la France. Mais ce n'est point du

____

(1) V. *Lettres inédites de Talleyrand à Napoléon Ier*, publiées par
Bertrand, p. 162. Cf. Albert Vandal, *Napoléon et Alexandre Ier*,
t. I, p. 8 ; D. Ghika, *La France et les Principautés Danubiennes
de 1789 à 1815*, extrait des Annales de l'école des sciences politiques, Paris, 1896.

tout plus spécialement à l'Autriche qu'il voulait les servir en proie et ce n'est point aux progrès de la Russie de ce côté qu'il cherche à remédier. Il s'en sert d'appât selon les circonstances pour celle des Puissances dont il recherche l'alliance. En 1801, lorsqu'il était encore en guerre avec la Turquie, il s'approcha du tsar Paul Ier par la promesse d'un partage de la Turquie dans lequel évidemment les Provinces danubiennes feraient partie du lot de la Russie.

Le successeur de Paul Ier, Alexandre Ier, étant rentré dans la coalition, Napoléon cherche au contraire un rapprochement avec la Turquie et se pose en champion de son intégrité. Un nouveau revirement se produit par la paix de Tilsitt. La Russie est de nouveau l'alliée de la France et Napoléon est prêt aux plus grands sacrifices pour rendre cette alliance durable. Il réserve encore la question des Principautés que le Tsar s'engage à évacuer. L'entrevue d'Erfurth qui suit les revers en Espagne est décisive sur ce point. L'Empereur des Français abandonne les Principautés au Tsar et si celui-ci ne les garda pas, la cause n'en est que bien indirectement attribuable à Napoléon.

Sous la Restauration et la Monarchie de Juillet, la France abandonna de nouveau la question des Principautés aux entreprises de la Russie. La nouvelle invasion des Russes en 1853 et les ambitions de

Napoléon III réveillent la question. Le problème d'opposer une digue à la Russie renaît. Napoléon III se souvient du projet de Tayllerand et c'est à l'Autriche d'abord qu'il veut abandonner les Principautés (1). Ce projet servira en même temps son désir de faire l'unité de l'Italie. L'Autriche donnera en retour la Lombardie et la Vénétie au Piémont.

« Heureusement pour la bonne renommée de l'Empereur, dit M. Emile Olivier (2), l'Autriche ne voulut

(1) V. Emile Olivier, *L'Empire libéral*, Paris 1898, T. III, p. 346. Cf. *La Revision de la carte de l'Europe*, brochure attribuée à Napoléon III, Paris 1854, reproduite dans D. Stourdza, op. cit. II, p. 852. Cette brochure parle d'un démembrement de certaines provinces de l'Empire russe au profit de la Suède, de la Prusse, de l'Autriche, de la Turquie. « Au midi, y est-il dit au sujet des Principautés, l'Autriche ajouterait à son Empire la Moldavie et la Bessarabie, et prolongeait ses frontières jusqu'au Dniester. Elle y gagnerait des provinces fertiles, et sur la Mer Noire des côtes et des ports qui se prêteraient merveilleusement au développement de sa marine, pendant que, par la possession de Gulatz et des bouches du Danube, elle profiterait du transit des productions de l'Europe centrale... Il est superflu de démontrer comment, par suite de cet accroissement de l'Autriche au-delà du Danube, Constantinople aurait une barrière plus sûre encore que la ligne des Balkans. Si l'on objecte que l'Empire Ottoman perdrait ainsi son droit de suzeraineté sur la Moldavie, que l'on veuille bien songer au magnifique dédommagemment qui lui serait offert : en Europe, la Crimée, objet de ses constants regrets avec les côtes orientales de l'Euxin ; en Asie, etc... Serait-ce trop présumer de la sagesse de l'Autriche que de penser qu'en échange de l'agrandissement de son territoire et de l'extension de son commerce et de sa marine elle renoncerait à la Lombardie ? »

(2) Op. cit., p. 347.

pas se prêter à ce marchandage incorrect. L'Empereur ne renonça pas néanmoins à l'idée de satisfaire l'ambition piémontaise à l'aide des Principautés : on y transférerait la duchesse de Parme qu'on aurait marié au prince de Carignan ! Cette solution aurait procuré aux Roumains, avec l'indépendance, le prince étranger qu'ils souhaitaient, et par là aurait pu leur plaire. Mais ni le prince de Carignan ne se souciait d'épouser la duchesse de Parme, ni la duchesse de Parme de quitter son duché, ni la Turquie d'abandonner son droit de suzeraineté. »

C'est à la suite de ces échecs que Napoléon III songea à appliquer aux Roumains le principe qui lui était cher et qui dominait à cette époque toute sa politique internationale, le principe des nationalités. Il créerait ainsi un précédent favorable à l'unité italienne. Il connaissait par les nombreux écrits les vœux des Roumains, tous dirigés vers l'unité de la nation. Il avait enfin pour lui l'opinion publique en France.

Sous l'influence du manifeste de Lamartine qui proclamait le droit des nations de se gouverner elles-mêmes, l'esprit du public fut porté par un courant généreux de sympathie envers tous les peuples opprimés, de réaction envers les principes proclamés par le congrès de Vienne. La notion s'était répandue qu'il y avait là-bas aux bouches du Danube un peuple de race latine qui avait subi une longue période de malheurs et qui demandait à vivre uni et libre. Des voix nombreuses et autorisées en France même, firent un appel chaleureux en leur faveur (1).

Napoléon III s'inspira de ces idées généreuses et se déclara partisan de l'Union en vertu du droit des nations de disposer d'elles-mêmes. On lui a durement reproché sa prédilection pour le principe des nationalités dont le triomphe arma contre lui l'Allemagne et créa une Italie défiante et dangereuse. Il ne nous appartient pas de rechercher ici jusqu'à quel point ces critiques sont fondées. Il nous paraît cependant qu'elles n'ont aucune prise lorsqu'on envisage l'application du principe aux Principautés danubiennes. Nulle part cette idée ne pouvait mieux servir à la fois les intérêts de la France et ceux de la civilisation. La situation géographique lui permettait pleinement de suivre ici une politique sentimentale et humanitaire.

Nous n'insisterons plus sur l'importance qu'il y avait à créer un État tampon entre la Russie et la Turquie. Mais ne pouvait-on pas craindre que cet

____

(1) *La Valachie en 1839*, par Ed. Thouvenel *(Revue des Deux-Mondes)*, 15 mai 1839. — *Du Rhin au Nil, Tyrol, Hongrie, Provinces danubiennes, etc.*, par X. Marmier, Paris, 1846. — *Souvenirs de voyages et d'études*, par Saint-Marc Girardin de l'Académie française, Paris, 1852-53. — *La Révolution dans l'Europe orientale*, par Hipp. Desprez *(Revue des Deux-M.*, 1848-50). — Edgar Quinet, *Les Roumains (Revue des Deux-M.*, 1er mars 1856). Cf. Bengesco, op. cit.

État ne s'inféodàt un jour à la politique russe et ne
se tournàt contre les intérèts de la France? Cette hypothèse était en dehors de toute probabilité. Les Roumains savaient maintenant à quoi s'en tenir sur les
intentions de la Russie à leur égard. Ils savaient que
si l'influence russe réussissait à reprendre le dessus,
c'en était fait de leur existence. Au contraire la France,
en les aidant à constituer un État sur la base de la
nationalité, leur ouvrait le chemin de la liberté et de
la civilisation. Quel plus beau titre pouvait-elle avoir
à leur reconnaissance? Et que pouvaient craindre les
Roumains de la part de la France qui pùt altérer cette
reconnaissance? Il est donc évident qu'au point de
vue humain et au point de vue français l'Empereur
Napoléon avait trouvé, en soutenant de toute son autorité l'idée de l'union, la meilleure solution du premier point de la question d'Orient.

L'attitude de l'Angleterre fut moins ferme. Elle
ne parlait aucunement du point de vue des revendications roumaines. La politique de sentiment n'a
jamais été en honneur au cabinet de Londres. Elle
avait sans doute des intérèts semblables à ceux de la
France au sujet des empiètements de la Russie.
Mais elle avait d'autres considérations à envisager.
Elle tenait au maintien de l'intégrité de l'Empire Ottoman, qui était pour elle la première condition de
résistance contre la Russie. L'émancipation des différentes nations chrétiennes étaient autant d'atteintes

portées à cette intégrité et elle pouvait prévoir le moment, une fois le premier pas franchi, où la péninsule balkanique, morcelée entre les différentes nationalités qui l'habitent, constituerait un champ de rivalités dont la Russie serait la première à profiter. Que deviendrait son commerce dans la Méditerranée le jour où les Russes commanderaient à Constantinople?

Ces doubles considérations produisirent à Londres une attitude ambiguë dont nous verrons les phases au cours de l'exposé des négociations.

Quant aux deux Puissances secondaires, le Piémont et la Prusse, elles n'avaient aucun intérêt immédiat, mais elles se rangèrent toutes deux dans le camp des partisans de l'union. Le Piémont, qui préparait le grand mouvement vers l'unité italienne, ne pouvait évidemment qu'applaudir au triomphe du principe des nationalités, en quelque pays qu'il se présentât. La Prusse, sans prestige à cette époque, ne pouvait pas suivre une politique indépendante. Elle avait bien un intérêt à travailler contre l'Autriche, mais ce sont surtout des considérations de famille qui l'influencèrent, comme elles avaient influencé son attitude d'inaction pendant la guerre. Le roi Frédéric-Guillaume IV, beau-frère du Tsar, suivit son avis au sujet des Principautés.

Or, le Tsar et ses conseillers se déclarèrent pour l'union. Il paraît étrange au premier abord que la

Russie, contre laquelle étaient précisément dirigés les efforts des Puissances qui soutenaient l'union, ait été d'accord avec elles sur ce point. Cela paraît encore plus étrange lorsqu'on se souvient. ainsi que nous l'avons indiqué au chapitre précédent, que la Russie avait combattu le mouvement national durant toute la période qui précède la guerre de Crimée.

Cette contradiction s'explique si l'on envisage le changement que sa défaite avait apporté à sa situation. On n'était plus au temps où le prince Menchikoff parlait si haut à Constantinople et où le consul de Russie était le maître dans les Principautés. La Russie avait subi une humiliation. elle n'avait pas plus de droits maintenant sur le Danube que la Sardaigne ou la Prusse. Il fallait d'abord chercher à se relever avant de reprendre un rôle actif et offensif. D'autre part, l'Autriche avait pris entre les Carpathes et le Danube la place libre laissée par la Russie. Elle avait pris la précaution, profitant de la présence de ses troupes, de se créer dans les Principautés un parti assez puissant pour inspirer à la Russie de sérieuses craintes sur ses entreprises pour l'avenir.

Il fallait donc avant tout envisager les besoins du moment. On verrait plus tard si on pourrait reprendre le fil de la politique orientale au point où la guerre de Crimée est venue l'interrompre. La Russie devait relever son prestige aux yeux des Roumains, habitués à l'entendre parler en dominatrice. Pour agir contre l'influence grandissante de l'Autriche, il fallait qu'elle se créât à son tour des amitiés. Elle devait donc regagner d'abord la sympathie des Roumains en se mettant du côté de leur libératrice, la France, en essayant de nouveau de flatter leurs aspirations nationales, d'opposer à la maxime brutale de l'Autriche, « divide et impera », le rôle de protectrice bienveillante qui lui avait si bien réussi jusqu'au traité d'Andrinople.

Voilà donc une des causes qui déterminèrent la Russie à épouser la cause des unionistes.

La Russie devait encore se réhabiliter aux yeux de l'Europe, s'assurer des sympathies et des alliances pour éviter d'être supplantée en Orient par d'autres Puissances. Il était important pour elle de regagner les bonnes grâces de l'Empereur des Français, et celui-ci à son tour avait besoin des Russes pour l'aider dans sa politique italienne. Nicolas Ier était mort et son successeur Alexandre II n'avait aucune prévention contre les Bonaparte. Il savait combien Napoléon avait à cœur de réaliser son désir au sujet des Principautés et il était d'une politique habile de l'y soutenir.

Dans ces conditions, il ne peut paraître surprenant si les plénipotentiaires russes, pendant tout le temps que durèrent les négociations, se rangèrent du côté des ambassadeurs français et plaidèrent à leur suite la cause de l'union.

Bien entendu cette ligne de conduite, étant commandée par les circonstances actuelles, n'était que provisoire. Les projets de Pierre le Grand et de Catherine II ne cessaient pas d'être le catéchisme des diplomates russes. La Russie, tout en favorisant l'union, comptait bien un jour rétablir sa suprématie. Elle profiterait de la reconnaissance des Roumains et de la confiance que son attitude inspirerait à la France pour s'infiltrer de nouveau dans les Principautés, lentement, mais sûrement. « La Russie, a dit un diplomate d'alors, après avoir tout fait pour arriver à ce que l'autonomie des Principautés disparaisse, désire leur union afin de les avaler d'un coup. »

En face des Puissances unionistes se dressa l'opposition acharnée des deux autres voisines de la Roumanie. L'âme de cette opposition était l'Autriche. Nous avons examiné plus haut ses projets de conquête qui avaient déjà reçu un commencement de réalisation par le rapt de la Bukovine et l'occupation pendant vingt ans de la Petite-Valachie.

Les guerres de l'Empire, les mécontentements des populations de l'Autriche, résultat du congrès de Vienne, occupent l'Autriche pendant toute la première partie du siècle. L'Autriche, privée de l'alliance de l'Occident, ne peut plus rien contre son redoutable voisin. Elle est contrainte d'assister comme en 1829 à une lutte entre le Tsar et le Sultan, non moins dé-

sastreuse pour elle que pour l'Empire Ottoman. Elle
assiste aux progrès du panslavisme qui s'introduit
jusque dans son sein. Elle est même obligée de re-
courir à la protection de cette même puissance rivale
pour réprimer la révolution des Hongrois.

« Bientôt nous paierons les Russes d'ingratitude,
a dit le prince Schwarzenberg. » Ce temps ne fut
pas long à venir. Lorsque les Puissances occidentales
se déclarèrent contre la Russie, l'Autriche s'empressa
de se mettre de leur côté. Elle observa cependant une
attitude réservée. Elle comptait plutôt sur la stratégie de sa diplomatie que sur celle de son armée pour
amener la Russie à composition. Ce qui lui importait
surtout, c'était de prendre la place de cette Puissance sur le Bas-Danube. Elle reprit son projet de
protectorat sur les Principautés. Les armées russes
qui les occupaient avaient à peine repassé le Pruth,
que déjà les troupes du général Ceronini franchissaient
les Carpathes pour établir l'occupation autrichienne
et faire reconnaître l'autorité si longtemps méconnue
de Sa Majesté apostolique.

Lorsque vinrent les négociations, l'Autriche travailla à maintenir les Principautés dans leur état
de faiblesse et à étouffer par conséquent leurs aspirations nationales. Elle avait pour cela deux raisons.

D'abord, la constitution d'un État roumain pouvait
porter un grave préjudice à l'unité de son Empire si
violemment attaqué de toutes parts par les revendi-

cations des nombreuses nationalités soumises à son
sceptre. Quatre millions de Roumains sont établis en
Hongrie et en Bukovine et auraient tôt ou tard récla-
mé leur réunion à l'État Roumain au nom du principe des nationalités.

Ensuite elle rêve elle-même de s'emparer un jour
des Principautés pour arrêter les progrès de la Russie.
La mainmise de la Russie sur les Principautés aurait
constitué pour elle un danger considérable ; c'eût été
le commencement du triomphe de la politique pans-
laviste. Les Principautés seules séparaient la Russie
d'une vaste agglomération de populations slaves. La
Bulgarie, la Serbie deviendraient les voisines et les
clients de la Russie, et au-delà du Danube, les Croates
et les Serbes de la monarchie autrichienne se soulè-
veraient pour tendre la main à leurs frères slaves.

A ces intérêts politiques venait se joindre un intérêt commercial de premier ordre. Les Autrichiens
tenaient à conserver et à étendre leurs droits sur le
Danube, qui constitue la seule voie économique pour
écouler les produits de la plus grande partie de son
territoire vers la mer. Les Russes, depuis qu'ils possé-
daient le delta du Danube, avaient montré la plus
grande mauvaise volonté pour en empêcher l'ensa-
blement.

Ainsi, lutte contre les aspirations nationales, lutte
pour l'établissement définitif dans les Principautés,
voilà les raisons qui déterminent l'attitude nettement

hostile au projet d'union que l'Autriche observe pendant les négociations. Elle avait contre elle la majorité des Puissances et ne serait arrivée à aucun résultat si elle était restée isolée. Elle eut l'habileté d'attirer dans son camp la Turquie, qui, comme puissance suzeraine, semblait plus autorisée que toute autre pour faire triompher son point de vue.

Les diplomates ne s'attendaient pas à cette attitude de la Turquie (1), puisque c'est précisément pour la protéger qu'ils voulaient l'union.

La vérité est que la Turquie, pour satisfaire sa cupidité et ses susceptibilités dans une question de pure forme, travailla, comme en 1849, lorsqu'elle intervint aux côtés des Russes, contre ses véritables intérêts, pour le compte d'une autre Puissance.

Le principal argument de la Turquie fut que la réunion des Principautés porterait préjudice à ses droits de suzeraineté. L'État roumain, disait-elle, devenu fort, n'aurait rien de plus pressé à faire que de s'en affranchir.

____

(1) La preuve en est dans ces paroles du mémoire du baron de Bourquenay aux conférences de Vienne : « Dans le cas présent (celui de l'Union), l'intérêt de la puissance suzeraine est en parfait accord avec l'intérêt général et avec celui des deux provinces, et il y a lieu de penser que les conseillers les plus éclairés du Sultan seraient favorables à une combinaison qui établirait ainsi sur la rive gauche du Danube une grande Principauté de 4 millions d'âmes à la place de deux Principautés jusqu'à ce jour trop faibles pour opposer une résistance efficace à l'action de la Russie. »

La Turquie ne se rendait pas compte, malgré les dures expériences qu'elle avait subies, d'où venait le danger. En supposant qu'elle eut atteint son but de maintenir la séparation des deux provinces, qu'est-ce qu'elle y aurait gagné?

Peut-être, en exerçant sa suzeraineté sur chaque province séparément, eût-elle augmenté ses chances de conserver la plénitude de sa suzeraineté et de continuer à encaisser le tribut annuel et les redevances de toute sorte qu'elle percevait et auxquelles elle tenait tant. Mais que valait en somme ce droit de suzeraineté réduit au tribut et à la confirmation des princes, auprès du danger permanent de l'invasion russe. Pouvait-elle croire que la chute de Sébastopol avait brisé la force du colosse moscovite?

C'est à ce point de vue là que la Turquie aurait dû se placer pour régler son attitude dans la question d'Orient. Elle aurait dû soutenir les Puissances occidentales dans leur désir de lui élever un rempart contre la Russie et se déclarer avec elles pour l'union. Les craintes mêmes de perdre ses droits de suzeraineté en ce cas étaient prématurées. Nous avons vu que, en 1848, le parti national était anti-russe, mais considérait le maintien de la suzeraineté turque comme une nécessité. La Turquie avait donc un rôle à jouer. Elle pouvait poursuivre à son profit l'attitude libératrice que la Russie avait observée depuis Pierre le Grand. Elle pouvait profiter du discrédit dans lequel était tombée la domination russe, discrédit d'autant plus fort qu'il était dicté par la rancune contre une attitude qui avait tous les caractères d'une trahison.

Les Roumains lui auraient été reconnaissants de les protéger contre ces amis dangereux. En supposant même que le nouvel État eût supprimé peu à peu ses liens de vassalité, il n'en serait pas moins resté un allié sûr et fidèle. Au lieu de cela les Turcs laissent aux Russes tout le loisir de se faire pardonner leur gouvernement arbitraire en flattant le sentiment national roumain. Le Russe redevenait le libérateur, le Turc l'ennemi héréditaire (1).

Le point de vue turc triompha dans le protocole préliminaire signé à Constantinople le 11 février

(1) En Turquie même il y eut des hommes d'État qui se rendirent compte du véritable intérêt de la Turquie. En 1848, lorsque Soliman-Pacha, l'envoyé du Sultan, prit connaissance du projet de Constitution il dit aux membres du gouvernement provisoire : « Mais il n'y manque qu'une chose, l'union des deux principautés. Ce serait, ajoute-t-il, un pal dans les entrailles de la Russie. » (El. Regnault, op. cit. p. 6.)

Voir d'autre part, ce que rapporte à la date du 20 octobre 1854, le chargé d'affaires de France à Constantinople, M. Benedetti à M. Thouvenel, alors directeur, sur une conversation qu'il eut avec Réchid-Pacha.

Le même Réchid-Pacha eut, d'ailleurs, deux ans plus tard une attitude toute opposée à ces paroles. (L. Thouvenel, *Trois années de la question d'Orient*, 1855-1859, Paris, 1897, p. 4). Cf. sur l'attitude de la Turquie : T. Cidharold, *La Turquie et les Principautés danubieuses*, Paris 1857. — *L'Autriche, la Turquie et la Moldo-Valachie*, par M. B.*** (Bolintineano), Paris, 1856, p. 34 et suiv.

1856 entre les représentants des Puissances alliées.
La Porte y confirme, il est vrai (art. 1), les privilèges et immunités garanties par les capitulations,
seule base juridique à l'avenir pour la situation
des Principautés, puisque les traités conclus avec
la Russie ont cessé d'exister par suite de la guerre.
Mais l'article 2 ajoute que la Valachie et la Moldavie, « dont les territoires respectifs font partie
intégrante de l'Empire Ottoman », auront chacune
comme par le passé, une administration séparée et
indépendante, sans la suzeraineté de Sa Majesté
Impériale le Sultan.

L'organisation nouvelle des Principautés sera dis-
cutée sous le contrôle immédiat de la Porte par une
Commission des délégués valaques et moldaves qui
sera envoyée à Constantinople. La nomination des
princes sera faite d'après un système nouveau qui ne
laisse plus subsister qu'une ombre d'autonomie. Ils
seront désignés par le Sultan qui choisira entre les
trois candidats élus par les assemblées.

Ces dispositions réduisaient les Principautés presque à l'état des provinces turques. L'initiative du
baron de Bourquenay aux conférences de Vienne semblait oubliée. Elle allait être reprise au Congrès de
Paris.

IV. — La Russie ayant adhéré, le 16 février 1856,
à l'ultimatum présenté par l'Autriche, les représen-

tants des puissances se réunirent à Paris, sous la présidence du comte Walewsky, ministre des affaires étrangères de France, pour y conclure le traité de paix.

Le *Protocole* n° 1 (25 février) contient les projets de préliminaires. Pour le premier point, relatif à l'organisation future des Principautés, on pose les principes suivants : Abolition complète du protectorat russe. La Russie n'exercera aucun droit d'ingérence dans les affaires intérieures des Principautés. Celles-ci conserveront leurs privilèges et immunités, sous la suzeraineté de la Porte, et le Sultan, de concert avec les Puissances contractantes, accordera, en outre, à ces Principautés ou y confirmera une organisation intérieure conforme aux besoins et aux vœux des populations. Les Principautés auront le droit de prendre les mesures de défense réclamées par leur situation géographique. La Russie consent à une rectification de frontière avec la Turquie, lui cédant une partie de la Bessarabie.

La discussion du premier point fut abordée dans la séance du 6 mars (1). Après s'être entendus sur la question de la rectification des frontières, les plénipotentiaires abordèrent l'affaire infiniment plus épineuse de l'organisation des Principautés.

Le comte Walewsky alla tout de suite droit au but. Il fit remarquer qu'avant de toucher à ce point

(1) *Protocole* n° 6. V. Stourdza, T. II, p. 1010.

important, il était indispensable de « délibérer sur une question qui est dominante et à la solution de laquelle se trouvent nécessairement subordonnées les travaux ultérieurs du Congrès à ce sujet. Cette question est celle de savoir si la Moldavie et la Valachie seront désormais réunies en une seule Principauté ou si elles continueront à posséder une administration séparée. »

Quant à lui, il pense que la réunion des deux provinces répond à des nécessités commandées par leurs véritables intérèts et engage le Congrès à les proclamer. Les plénipotentiaires prirent immédiatement position dans la discussion qui allait devenir la source de tant de difficultés. Le comte Clarendon appuya, au nom de l'Angleterre, la proposition française, en conseillant toutefois de prendre d'abord en considération les vœux des populations.

Les adversaires de l'union firent alors entendre leurs voix. L'Autriche et la Turquie se soutinrent, mais les deux plénipotentiaires n'avaient à opposer aucun argument qui, avec une apparence de vérité, parût répondre à un droit acquis ou à un intérêt général. Ils cherchèrent un biais et risquaient fort d'être démentis par les événements. Ils soutinrent tous deux que les populations roumaines ne désiraient pas l'union et que, si leur situation était mauvaise, cela ne tenait aucunement au fait qu'elles étaient séparées.

La séparation, dit Aali-Pacha, est la conséquence naturelle des mœurs et des habitudes qui diffèrent dans l'une et l'autre province ; quelques individus ont pu formuler un avis contraire à l'état actuel, mais telle n'est pas certainement l'opinion des populations.

Si l'on considère, ajoute le comte Buol, le prix que chaque agglomération attache à son autonomie, on peut en déduire *a priori* que les Moldaves et les Valaques désirent avant tout conserver leurs institutions locales et séparées.

Le comte Walewsky ne fut pas dupe de ces affirmations qui, venant des plénipotentiaires des deux Puissances limitrophes des Principautés, pouvaient inspirer la conviction qu'elles étaient basées sur une connaissance plus exacte de ce qui s'y passait. Il fit remarquer que tous les renseignements s'accordent à représenter les Moldo-Valaques comme unanimement animés du désir de ne plus former, à l'avenir, qu'une seule Principauté : ce désir s'explique par la communauté d'origine et de religion, ainsi que par les précédents qui ont mis en lumière les inconvénients de l'ordre politique ou administratif qui résultent de la séparation : l'union étant sans contredit, un des éléments de prospérité pour les deux provinces, répond à l'objet proposé à la sollicitude du Congrès.

Ces arguments étaient difficiles à réfuter. Buol se

contente de contester que les renseignements de Walewsky soient dignes de confiance. Il pense d'ailleurs que l'opinion du premier plénipotentiaire turc, mieux placé que tout autre pour apprécier les véritables besoins et les vœux des populations. mérite d'être prise en considération particulière. Il maintient que les Roumains ne désirent pas l'union, que la séparation constitue au contraire un de leurs privilèges que le Congrès s'engage à respecter.

Le baron de Bourquenay, second plénipotentiaire français, fait remarquer que, depuis que la question a été soulevée aux conférences de Vienne, aucune protestation n'est venue à l'appui des allégations du comte Buol.

Les plénipotentiaires sarde et russe appuient le projet de réunion comme étant conforme depuis longtemps aux vœux des populations et comme pouvant aider à leur prospérité. Se voyant battus, les envoyés turcs et autrichiens cherchent à gagner du temps. Ils déclarent manquer d'instructions sur ce point et demandent le renvoi des articles du traité concernant les Principautés à une Commission.

Le terrain sur lequel s'étaient placées les deux Puissances hostiles à l'Union indiquait aux autres la voie à suivre. On contestait aux populations moldo-valaques le désir d'être réunies sous un même gouvernement; il fallait les consulter pour convaincre tout le monde. C'est le parti auquel on s'arrêta. Il était très légitime, puisqu'il était la consécration du droit accordé aux Roumains par les capitulations de se donner eux-mêmes leur gouvernement. Mais il ne suffisait pas que le procédé fût légitime, il fallait encore qu'il fût sincèrement appliqué, en dehors de toute pression étrangère.

C'est ici que l'Autriche et la Turquie voyaient la chance de réussir. Le traité de Paris rendrait à la Turquie le droit de suzeraineté devenu illusoire par le protectorat russe. D'autre part les troupes autrichiennes occupaient encore les Principautés et les maintenaient sous le régime du sabre. On pouvait s'attendre, par suite de cette double influence, à ce que le résultat de suffrages fût conforme au désir des deux Puissances limitrophes et donnât à leur argumentation du Congrès de Paris une force suffisante pour rendre l'union impossible.

La France n'a peut-être pas tenu suffisamment compte de ces considérations. Elle n'avait pas de méfiance sur la bonne foi de l'Autriche et de la Turquie et elle ne fit pas prendre des mesures sérieuses pour affaiblir l'ingérence de ces deux Puissances sur les Principautés. Elle commit une première faute en permettant que la Commission chargée de la rédaction des articles relatifs aux Principautés soit composée en majorité d'adversaires de l'Union. Sur trois membres, deux, Ali-Pacha et le comte Buol étaient dans ce cas. Leur travail s'en ressent. Les deux idées qui l'inspirent sont : gagner du temps et laisser à la Turquie la plus grande part possible à l'exécution des dispositions du traité. De plus la question de l'Union n'est même pas mentionnée. L'Autriche tirera parti, nous le verrons, de cette omission.

Voici la marche proposée par la Commission (1) :

« Conclure la paix sans en subordonner l'instrument final à un acte diplomatique resté en suspens ; prendre des mesures propres à s'assurer du vœu des populations sur des questions non encore résolues ; *Respecter les droits de la Puissance suzeraine et ne pas laisser de côté* ceux des Puissances garantes, en établissant la double nécessité d'un acte diplomatique pour consacrer les principes adoptés comme base de l'organisation des Principautés, et *d'un hatti-chérif pour en promulguer l'application.*

Partant de ces trois idées, la Commission propose l'envoi immédiat à Bucarest de délégués, qui s'y réuniront à un commissaire ottoman.

Les divans ad hoc seraient convoqués sans retard au chef-lieu des deux provinces. Ils seraient composés de manière à offrir les garanties d'une véritable et sérieuse représentation.

La Commission européenne, prenant en considération les vœux exprimés par les divans, reviserait les statuts et règlements en vigueur. Son travail serait

____

(1) *Protocole* n° 8. Testa. *Traités V*, p. 70. Stourdza II, p. 1020.

transmis au siège actuel des conférences. Une convention diplomatique, basée sur ce travail, serait conclue entre les Puissances contractantes, et un hatti-chérif constituant l'organisation définitive, serait promulgué par le Sultan. »

C'est donc le Sultan par un hatti-chérif, sans aucun contrôle légalement établi de la part des Puissances garantes, qui aurait à régler le mode d'élection et de délibération des divans ad hoc. Le rôle de la Commission européenne ne commencerait qu'après l'élection, après le vote même.

Le Congrès adopta la marche proposée. Il admet tout d'abord l'idée de conclure la paix avant de régler la situation intérieure des Principautés. Le traité du 30 mai 1856 ne fixe de règles définitives qu'au sujet de la situation internationale des Principautés.

Les dispositions qui s'y rapportent ne sont qu'une consécration du projet contenu au Protocole n° 1 (1).

Pour la situation intérieure, l'article 22, alinéa 2,

---

(1) Art. 22. — Les Principautés de Valachie et de Moldavie continueront à jouir, sous la suzeraineté de la Porte et sous la garantie des Puissances contractantes, des privilèges et immunités dont elles sont en possession. Aucune protection exclusive ne sera exercée sur elle par une des Puissances garantes. Il n'y aura aucun droit particulier d'ingérence dans leurs affaires intérieures.

Art. 23. — La Sublime Porte s'engage à conserver aux dites Principautés une administration indépendante et nationale, ainsi que la pleine liberté de culte, de législation, de commerce et de navigation.

et l'article 25 posent le principe que les lois et statuts actuellement en vigueur seront révisés, que l'entente finale sera consacrée par une convention conclue à Paris entre les hautes parties contractantes et qu'un hatti-chérif, conforme aux stipulations de la convention, constituera définitivement l'organisation de ces provinces.

Quant aux mesures préparatoires pour cette nouvelle organisation, le traité ne croit pas devoir s'écarter des projets de la Commission (1). Le Sultan reste maître de la situation pour la composition des divans. On dit, il est vrai, qu'ils devront être composés de manière à constituer la représentation la plus exacte des intérêts de toutes les classes de la société, mais cette disposition était trop vague, trop élastique pour être assurée d'une sanction.

Les pouvoirs de la Commission ne sont pas davantage étendus. Elle n'a aucun droit d'immixtion pendant la période des élections. Il est vrai que son opinion n'est pas absolument soumise au vote des divans. Elle fera une enquête personnelle sur les vœux des populations et le vote ne sera pour elle qu'un renseignement de plus. Mais ne fallait-il pas prévoir, en supposant que le vote soit contraire aux conclusions de tel ou tel commissaire, que ce vote aurait une plus grande valeur persuasive et serait

____

(1) V. les articles 23 à 25 dans l'appendice.

plus écouté par le futur congrès ? La Commission était donc condamnée d'avance à un rôle effacé.

Il ne restait plus qu'à pourvoir à l'établissement d'un gouvernement provisoire à la tête des Principautés. Lord Clarendon ayant fait observer, dans la séance du 8 avril (1), que les pouvoirs des deux hospodars nommés pour sept ans par la convention de Balta-Liman allaient expirer et qu'il fallait chercher une forme de gouvernement de nature à assurer une liberté complète aux divans ad-hoc, le Congrès commit la nouvelle faute de s'en référer à la Sublime Porte « pour prendre, s'il y a lieu, à l'expiration des pouvoirs des hospodars actuels. les mesures nécessaires et propres à remplir les instructions du Congrès ».

Tout concourait donc pour rendre la tâche facile aux deux Puissances anti-unionistes. Le gouvernement central serait établi par elles, le firman électoral serait élaboré par elles ; le pays serait intimidé par la présence des militaires autrichiens ; la Commission européenne, lorsqu'elle serait enfin réunie, aurait les mains absolument liées.

(1) Protocole n° 22. Testa, V. p. 107.

CHAPITRE III

L'EXÉCUTION DU TRAITÉ DE PARIS

—

I. — Les dispositions du traité de Paris furent gé-
néralement bien accueillies en Roumanie. Les Moldaves et les Valaques éprouvèrent un certain orgueil à
être officiellement reconnus comme formant une nation ayant le droit de décider de son sort. Partout on
se prépare à agir pour que l'unanimité des vœux en
faveur de l'union éclatât au grand jour.

Ce mouvement prit une extension particulièrement
considérable en Moldavie. C'est là une preuve de la
spontanéité et du désintéressement qui présidait au
mouvement national. Les Valaques avaient tout à

gagner de l'union. Leur pays ayant plus d'importance comme population et comme étendue, l'union ne pouvait tourner qu'à son avantage. Bucarest deviendrait évidemment la capitale du nouvel État et absorberait toutes les prérogatives qui en résultent. L'idée une fois lancée et sur le point de réussir, les Valaques se tinrent donc sur la réserve, ne voulant pas qu'on pût leur reprocher de faire d'une question patriotique une question d'intérêt.

Au contraire, les Moldaves s'agitaient. Ils savaient parfaitement qu'une fois l'union consommée, le centre du gouvernement et des affaires se déplacerait au détriment de la Moldavie. Ils donnèrent une preuve de grand dévouement à la cause nationale en mettant en œuvre toutes leurs forces et toutes leurs capacités pour achever néanmoins l'unité de la nation.

Le prince régnant Grégoire Ghika continuait à donner l'exemple du désintéressement en plaidant au nom de son peuple. Au moment où s'ouvrit le Congrès de Paris, le 28 février 1856, il adressait au comte Walewsky une lettre dans laquelle il recommande chaleureusement au Ministre français la cause moldo-valaque. Cette lettre est suivie d'un mémoire dans lequel le prince discute point par point les dispositions de la Conférence de Constantinople où les vœux des Roumains avaient été complètement négligés. Arrivant au paragraphe qui traite du gouverne-

ment et prévoit comme par le passé une administration séparée et indépendante, le prince remarque :

« Puisque l'on retouchait à l'organisation des deux
Principautés et que les circonstances présentes le
permettaient et même l'exigeaient, il eût fallu y procéder plus largement et satisfaire tout d'abord un
des premiers vœux, un des premiers besoins des
Moldo-Valaques ; en réunissant les deux Principautés, on eût donné à la Patrie commune une force et
une vitalité qui sont dans l'intérêt de l'Europe, comme dans celui de la Turquie. On eût évité à l'avenir
bien des tiraillements et des incertitudes, donné au
présent plus de garanties et de sécurité (1). »

Les classes dirigeantes suivirent le mouvement
indiqué par le prince. Le 1er mars 1856 une partie
des boyards adresse une pétition au prince le priant
d'appuyer de tout son poids le droit pour la nation
de demander l'union (2). Bientôt après le Congrès de
Paris, un comité se constituait qui comptait parmi ses
adhérents les hommes les plus en vue et se propo-
sait comme but de répandre dans la masse du peuple la haute idée qu'il défendait (3).

Il agira sur le peuple par la presse, par des délé-

______

(1) Stourdza, T. II, p. 975.

(2) L'union y est-il dit « est nécessaire pour accomplir la mission
que la Providence et l'intérêt européen réservent à notre patrie ».
V. Stourdza, T. II, p. 994.

(3) V. Stourdza, T. III, p. 531 et s.

gations envoyées en province, par des réunions publiques. Des relations suivies seront entretenues avec les Roumains de Valachie. Cet appel fut entendu de tous les coins de la Moldavie. Tour à tour tous les districts envoyèrent leur acte d'adhésion.

Il ne manqua pas cependant de taches à ce beau tableau d'ensemble patriotique. Il y eut des adversaires de l'union, il y en eut dans toutes les classes : Grands boyards candidats au trône de Moldavie, petits boyards à la recherche de fonctions qui attendaient une récompense de leur dévouement à l'Autriche, bourgeois et petits propriétaires timorés qui se trouvaient bien de l'état de choses actuel et craignaient qu'un changement de régime ne les fît sortir de leur tranquillité et ne fît péricliter leurs affaires (1).

Ces quelques individualités mues par un intérêt étroitement personnel ne méritent pas d'attention. Quelques séparatistes essayèrent cependant de donner à leur raisonnement une couleur patriotique (2). Ils soutiennent que l'administration séparée constitue

---

(1) Voy. à ce sujet la pétition des séparatistes de Berlad, adressée au Sultan le 7/19 août 1856 (Stourdza, T. III, p. 775). Les soussignés boyards, négociants et habitants, propriétaires du district de Tutova y supplient S. M. I. de ne pas réunir la Moldavie à la Valavie et de les laisser jouir des droits qui leur ont été accordés *ab antiquo* par ses glorieux prédécesseurs, « sous lesquels nous fûmes constamment heureux et tranquilles ».

(2) Voyez notamment N. Istrati, sur *La question du jour en Moldavie*, Jassy, 1856. Traduction française dans Stourdza, T. III, p. 125.

un des privilèges établis par les capitulations. con-
sacrés par une longue tradition et garantis par le
traité de Paris.

Nous avons vu, dans notre exposé historique, que
la séparation en deux tronçons de la nation roumaine
avait une raison purement géographique et que, si
la tradition l'a consacrée, c'est que le mouvement
national n'avait pu se faire jour plus tôt.

Ils ajoutent la décadence qui résulterait pour la
Moldavie du fait du déplacement des autorités et du
centre commercial à Bucarest, la nécessité où elle se
trouverait de se soumettre aux lois valaques comme
à celles du plus grand nombre, tandis que ses cou-
tumes, notamment en matière de culture des terres,
exigent une législation spéciale. Toutes ces raisons
étaient dictées par un étroit patriotisme de clocher
qui devait tomber devant la poussée générale. Il n'y
a pas une nation moldave et une nation valaque, il
n'y a qu'une nation roumaine ; c'est ce que n'ont pas
compris les séparatistes d'outre-Milcov.

II. — Ce mouvement d'opposition, si faible fût-il,
faisait bien l'affaire de l'Autriche et de la Turquie
qui cherchèrent à l'exploiter et à l'étendre en vue
du travail que les deux Puissances préparaient pour
obtenir des divans hostiles à l'union.

Pour donner une explication à son attitude hostile,
l'Autriche se retrancha derrière le principe de l'inté-

grité de l'Empire Ottoman, solennellement proclamé
par le congrès de Paris. Or l'union serait un atteinte
à cette intégrité. Ceci est inexact puisque d'après le
texte des capitulations les Principautés n'ont jamais
été des parties intégrantes de la Turquie.

La Porte seule, ajoutent les diplomates autrichiens,
a donc le droit de se prononcer sur l'opportunité
de cette mesure, sans que les Puissances puissent
intervenir, sans même que les divans puissent se
prononcer là-dessus, leur mandat ne s'étendant qu'à
des projets de réformes intérieures (1).

Pouvait-on, après les discussions du Congrès, soutenir que la Porte seule avait le droit de régler
cette question ? L'idée de la convocation des divans
ne surgit qu'à l'occasion des échanges de vue sur
la question de l'union et à la suite des doutes émis
par le plénipotentiaire même d'Autriche sur les désirs des Roumains relatifs à ce point. Il était donc
évident, bien que la question de l'union ne fût pas
mentionnée dans le texte du traité, que, dans l'esprit
des plénipotentiaires, cette question était la première
sur laquelle les divans auraient à se prononcer.
D'ailleurs, si les Puissances avaient entendu en laisser la décision à la Porte, la question aurait été tran-
chée depuis longtemps, puisque Aali-Pacha avait

____

(1) V. Thouvenel, *Trois années de la question d'Orient*, Paris,
1897, p. 27.

déclaré au Congrès que la Turquie voulait le maintien de la séparation. Or, le traité avait laissé la question ouverte (1).

L'Autriche ne tenait à son argumentation subtile
qu'au cas où les divans auraient voté l'union. Elle
ne demandait qu'à y renoncer si les divans étaient
anti-unionistes. Elle mit tout en œuvre pour arriver
à un pareil résultat et elle était bien outillée pour la
lutte. Tandis que les troupes françaises, anglaises et
sardes évacuèrent le territoire qu'elles occupaient
bien avant le terme de six mois fixé par le traité
de Paris, l'Autriche prolongeait l'occupation des
Principautés, prétextant pour le séjour de ses troupes
les retards que rencontrait la délimitation des frontières en Bessarabie. Ce travail ayant reculé la rétro-
cession de cette province jusqu'en février 1857, les
militaires autrichiens purent à loisir user de leur influence pour préparer les élections.

La Turquie ne se montra pas plus scrupuleuse
de se conformer aux intentions des Puissances signataires. Elle ne tint aucun compte de leur désir
d'assurer la liberté des élections. Elle nomma pour
chaque Principauté un seul caïmacam à son choix,
tandis que le règlement organique, encore en vigueur
jusqu'à la réorganisation définitive, prescrivait dans

____

(1) Voy. dans ce sens la réponse du comte Walewsky au
comte Buol, id. p., 28.

son article 18 qu'en cas de vacances au trône, les titulaires de trois des plus hautes fonctions de l'État seraient camaïcams de droit. Le choix pour la Valachie qui avait moins d'importance, se fixa sur le prince Alexandre Ghika, ancien hospodar. En Moldavie, où l'exemple du prince Grégoire Ghika avait créé un mouvement dangereux, il fallait être plus sûr de son homme. La Turquie, avec l'accord tacite de l'Autriche, nomma le logothète Théodore Balche, séparatiste déclaré qu'on attacha plus fortement à cette cause en lui promettant l'hospodarat de la Moldavie (1).

Aussitôt installé, Balche se met en devoir, sous l'inspiration du consul d'Autriche et du gouvernement turc, de frapper les unionistes et de détruire toutes les mesures prises par Ghika pour faciliter l'union. Il abolit la liberté de la presse, il retire le privilège de navigation sur le Siret, accordé à une

---

(1) Voici comment M. Victor Place, consul de France à Jassy, caractérise ce personnage, dans une lettre à M. Thouvenel, ambassadeur à Constantinople : « Lorsque je vous ai fait connaître quels étaient les principaux boyards qui s'opposaient à l'union, M. Theodorita Balche étaient précisément un de ceux que j'avais en vue ! Les hommes dans sa position ont un intérêt évident à ce que les Principautés restent séparées. En effet, ils ont l'espoir d'être hospodars de l'une d'elles, et nullement d'arriver à être princes de l'État réuni. Ils s'efforceront donc d'entraver l'union par tous les moyens en leur pouvoir, et, dans un pays où les esprits sont si craintifs et les cœurs si avides, le chef du gouvernement, même transitoire, a bien des moyens pour effrayer et pour corrompre. » (Thouvenel, p. 19.)

J. M. 7

compagnie française, il remplace les fonctionnaires administratifs et les magistrats par des créatures à ses ordres, il force les membres du divan princier, tous unionistes, à démissionner, enfin il poursuit par des arrestations arbitraires et mille autres vexations les hommes marquants qui avaient manifesté leur opinion en faveur de l'union (1).

Que faisaient devant ces ingérences les Puissances qui favorisaient l'union. Le pouvoir de contrôle leur était rendu difficile par le fait que la Commission internationale qui devait se réunir à Bucarest après l'évacuation des Principautés par les Autrichiens, n'avait pu encore y être déléguée à cause des retards que mettait l'Autriche à retirer ses troupes. Néanmoins, la France ne restait pas impassible. Sous la direction de M. Thouvenel, ambassadeur à Constantinople, les agents français, dans les Principautés, faisaient leur possible pour contrecarrer l'action combinée de l'Autriche et de la Turquie.

Ce qui rendait la tâche de la France particulièrement difficile, c'est qu'elle se trouvait en opposition ouverte avec ses alliés de la veille. L'Angleterre paraissait regretter son attitude au Congrès de Paris et se rapprochait ouvertement de la Turquie. Son gouvernement soutenait que s'opposer à la Turquie dans une affaire aussi importante, c'était favoriser la Rus-

(1) Cf. Xenopol, *Histoire des Roumains*, T. VI, p. 547 et suiv.

sie et travailler contre le but qu'on avait voulu atteindre par la guerre de Crimée (1).

Pour éviter de rester isolée, la France fut donc obligée de se rapprocher de plus en plus de la Russie.

Les firmans de convocation des divans donnèrent lieu à de longues négociations. La Turquie eut recours à toutes les ruses pour faire triompher sa politique. Dans la première rédaction elle prétendit se réserver la faculté de nommer elle-même les membres du divan, et lorsque cette prétention eut échoué devant l'opposition de Thouvenel, elle pensa à délimiter les points sur lesquels devaient porter les délibérations des divans. L'ambassadeur de France protesta encore au nom des signataires du traité de Paris, qui avaient précisément tenu à ce que la volonté du pays fût connue sur ce point.

La Turquie était aux abois. Elle avait démasqué

(1) M. de Persigny, ambassadeur de France à Londres, rapporte une conversation qu'il eut à ce sujet avec Palmerston : « Sans l'empressement de la Russie d'accueillir l'idée de la réunion, lui dit le chef du Foreign-Office, sans la répugnance de l'Autriche et surtout de la Turquie, il n'aurait aucun motif raisonnable d'abandonner l'opinion que lord Clarendon a manifesté au Congrès de Paris, mais l'attitude du gouvernement ottoman dans cette question lui paraît un incident grave ; il se demande comment il sera possible aux puissances alliées, après avoir pris les armes pour l'intégrité de l'empire ottoman, de violenter la Turquie dans une question qu'elle considère comme menaçant son intégrité même. » (Em. Olivier, *L'Empire libéral*, T. III, p. 407.)

son jeu et exaspéré par ses vexations les amis de
l'union. Elle fut bien forcée à la fin de rédiger des
firmans de convocation conformes à l'esprit du traité
de Paris. Les divans se composeraient de cinq classes de députés élues par le clergé, les boyards, les
petits propriétaires, les paysans et les habitants des
villes. L'élection des trois dernières catégories aurait
lieu à deux degrés. Un délai pour les réclamations
serait accordé entre la publication des listes et les
élections ; enfin certaines incompatibilités existeraient
entre le mandat de député et les charges administratives.

Un divan composé d'après ces règles aurait certainement le caractère d'une représentation complète
des intérêts de toutes les classes, ainsi que le voulait
le Congrès de Paris. Il était peu probable cependant
que le firman serait appliqué loyalement. Les Puissances purent bientôt se convaincre que la Turquie
ne négligerait aucun moyen pour le contourner.

Un danger surgit pour elle par la mort de Balche
qui lui avait montré tant de dévouement. Les Puissances, mises en défiance, auraient pu en profiter
pour exiger, ainsi que l'en supplièrent les unionistes,
que le nouveau gouvernement soit nommé selon les
prescriptions du Règlement organique. Insuffisam-
ment renseignées sur les personnes et les choses,
elles eurent de nouveau l'imprudence de laisser faire
la Turquie. Comme pour Balche, elle fit la nomina-

tion d'office et porta cette fois son choix sur un homme
qui n'était même pas issu d'une famille moldave.

Cet homme, qui n'avait d'autre attache avec le
pays qu'il allait gouverner que par son mariage avec
une riche héritière moldave, était grec d'origine et
portait le titre de pacha turc. Cette double qualité
pouvait faire prévoir qu'il ne se laisserait guider par
aucune considération patriotique et qu'il serait un
instrument dévoué de la conspiration austro-turque.
Les assurances écrites qu'il fit de laisser les moldaves
exprimer librement leurs votes et les conversations
qu'il eut avec le consul de France lui valurent la
confiance de celui-ci, qui ne fit pas d'objections à sa
nomination (1).

La nomination de Vogoridès fut suivie de près par
la promulgation du firman électoral et, comme conséquence, par l'arrivée des commissaires européens
à Bucarest. Le rôle de la Commission, fixé dans ses
détails par une annexe au Protocole n° 22 du traité

---

(1) « Il m'a dit qu'il était très partisan de la réunion, mais que
sa position particulière vis-à-vis de la Turquie le forçait à un silence qui ne l'empêcherait pas de nous seconder discrètement. Il
s'est efforcé de me faire comprendre que lui vaudrait mieux que
tout autre parce que sa nomination n'inspirerait aucune répugnance à la Turquie. » (Rapport de Place à Thouvenel, *Trois années de la question d'Orient*, p. 85.) La désillusion ne se fit pas
attendre. « Vogoridès, mande bientôt après M. Thouvenel (v. id.
p. 109), a jeté le masque. Il procède à coups de bâtons, de fraude,
de violence à faire envie aux plus experts en pareille matière. »

de Paris, était double. Elle devra d'abord s'entourer
de toutes les informations qui lui permettront d'as-
seoir un jugement impartial sur l'état du pays, « en
se rappelant toujour qu'elle n'a que le caractère con-
sultatif, et que ses opinions, réservées uniquement
pour les gouvernements dont le mandat lui est confié, ne doivent jamais transpirer sur les terrains de
ses investigations ». Elle portera particulièrement
son attention sur les réformes que réclament les statuts et règlement en vigueurs. Elle étudiera le régime
financier, administratif, l'état du clergé, des troupes,
le principe constitutif du pouvoir et les questions qui
s'y rattachent.

Aussitôt les divans réunis, la Commission se mettra
en rapport avec leurs présidents et les invitera à
transmettre « l'expression des vœux manifestés sur
les améliorations que comportent toutes les branches
de l'administration, et, en général, sur les réformes
qui embrassent, dans leur ensemble, l'organisation
des Principautés. Elle pourra leur adresser des questions subsidiaires, mais ne devra exercer aucune influence sur la marche de leurs délibérations. Lorsque
celles-ci seront terminées, elle adressera un rapport
d'ensemble au siège actuel de la Conférence, en
mentionnant à la fois les opinions unanimes et celles
qui n'ont pas pu se concilier avec elles (1). »

(1) Archives diplomatiques, 1866, II, p. 34, Stourdza, II, p. 1067.

Ainsi délimité, le rôle de la Commission fut assez effacé. Ses membres n'avaient pas le droit de manifester leurs opinions au pays et n'avaient donc aucun moyen de combattre les ingérences de la Turquie. Ils purent se convaincre bientôt combien le sentiment de la grande majorité de l'opinion était contraire à ce que la Turquie voulait qu'il fût. Le commissaire français, baron de Talleyrand-Périgord, fut, tant à Bucarest que durant le voyage qu'il fit en Moldavie, l'objet d'ovations enthousiastes. Partout la foule se portait à sa rencontre et le recevait aux cris de : Vive la France! Vive l'Empereur! Vive l'Union!

A peine fut-il rentré à Bucarest, qu'une lutte de plus en plus âpre s'engageait entre les unionistes et le gouvernement de Vogoridès. Celui-ci poursuivit avec plus d'acharnement encore le système de persécutions pratiqué par Balche. Les destitutions et les arrestations arbitraires, les violations de domicile et les moyens violents d'intimidation étaient à l'ordre du jour. La presse, réduite au silence, ne pouvait se faire l'écho de tant d'infamies. A quoi servaient dès lors les protestations et les plaintes des Unionistes ?

Les rives du Bosphore, où séjournaient les ambassadeurs étaient trop éloignées, la Commission elle-même, siégeant à Bucarest, n'était pas assez au courant de ce qui se passait en Moldavie. Il fallut une action éclatante comme la courageuse démission du

colonel Couza, préfet de Galatz, indigné des procédés
du caïmacam, pour ouvrir les yeux aux diplomates
et leur démontrer la nécessité de réagir (1).

Mais Vogoridès ne se laissait intimider par rien. Il
savait qu'il y avait derrière lui la Turquie, l'Autriche
et l'Angleterre. Il atteignit le comble de l'impudence
lorsqu'il s'agit d'établir les listes électorales. Les firmans étaient rédigés d'une façon fort ambiguë. Bien
des points, concernant les droits d'électorat, restaient
obscurs. Le caïmacam de Valachie, Alexandre Ghika,
fut pris de scrupules et soumit ses doutes à la Commission. Celle-ci refusa de se prononcer ; il n'entrait
pas dans ses attributions d'interpréter le firman. Elle
envoya donc le mémoire de Ghika à Constantinople
et on attendit la décision de la Porte pour confection-
ner les listes valaques.

Vogoridès n'avait pas de temps à perdre. Les
unionistes pouvaient bien, un jour, reprendre des
forces et lui créer des embarras sérieux. D'ailleurs
les hésitations de Ghika vinrent fort à propos pour la
cause austro-turque. Si, à la suite de la pression
exercée, les élections moldaves produisaient un divan qui se déclarerait contre l'union, ce seul vote
suffirait pour édifier les Puissances et le vote du divan valaque, qui concluerait certainement à l'union,
devenait superflu.

____

(1) Cf. Xenopol, éd. roum., T. VI, p. 568 et suiv.

Le caïmacam de Moldavie ne s'arrêta donc pas à
de pareilles futilités. Pour lui le firman était très clair.
Il connaissait les intentions de la Porte et s'il y avait
quelque rédaction obscure, il n'y avait qu'à l'interpréter dans le sens restrictif qui consistait à écarter
les personnes suspectes de tendances unionistes.

En partant de ce point de vue, il n'y avait plus aucune
garantie pour que les listes moldaves fussent dressées
loyalement. Vogoridès y mit une fantaisie qui lui vaudrait certainement, de la part de la Puissance suzeraine, la dignité d'hospodar de Moldavie. Grâce aux
moyens d'information dont il disposait, il ne fit passer
sur les listes que des personnes connues pour être
hostiles à l'union (1).

(1) Voici quelques-uns des moyens qu'il mit en œuvre :

1o La moindre charge hypothécaire était considérée comme une
exclusion, quand bien même la propriété valût cinq fois plus que
l'hypothèque et quoique le firman ne portât pas d'exclusion à cet
égard. De même pour les maris qu'on empêcha de représenter l'a-
voir dotal ;

2o Le caïmacam s'était arbitrairement attribué la prérogative de
créer des boyards et de conférer des grades militaires ;

3o Toutes les professions libérales avaient été systématiquement
exclues ;

4o Avant la publication des listes, plusieurs élections, dans la classe
des paysans qui ne savaient pas lire, ont été faites avec des noms
en blanc ;

5o Les listes électorales n'ont été publiées qu'après avoir été modifiées et visées au ministère de l'Intérieur, chez le caïmacam et
chez l'agent de l'Autriche.

Cf. *De Sébastopol à Solférino*, par le prince Lubomirsky, Paris,
1891, p. 99.

La publication de ces listes, ainsi épurées, arracha un cri unanime d'indignation. « Le gant nous est jeté de la manière la plus insultante, mande Place à Thouvenel le 15 juin 1857 (1); les listes électorales, et quelles listes ! sont publiées en Moldavie. J'enrage quand je songe qu'il ne reste plus que trente jours pour que l'infamie soit consommée ! Et les préfets ont reçu des ordres pour que, pendant ces trente jours, période pendant laquelle les *réclamations* pourront être admises, on ne donne plus de chevaux de poste. Les entrepreneurs de transports ne peuvent plus circuler, les télégraphes sont interrompus, avais-je raison de dire que ces gens-là sont capables de tout ! »

C'est vers le même temps que le consul de France dont l'activité fut des plus louables, mit la main sur une correspondance entre Vogoridès et son beau-frère Photiadès, représentant de la Moldavie à Constantinople. Ce personnage jouait le rôle de porte-paroles du grand-vizir et ses lettres indiquent clairement que le caïmacam agissait conformément aux instructions de la Porte.

Les efforts des unionistes pour faire étendre leurs protestations, joints à ces révélations conpromettantes, firent perdre patience au gouvernement impérial. Déjà Napoléon III avait manifesté en termes

____

(1) Thouvenel, p. 110.

très explicites son mécontentement à l'ambassadeur de Turquie : « On peut ne pas être de notre avis, lui dit-il, mais nous avons le droit de demander qu'on se conduise loyalement avec nous, et ce n'est pas ainsi qu'on procède dans les Principautés. Je serais fâché que nous dussions nous brouiller sur cette question (1). »

Aussitôt qu'il eut connaissance de la liste électorale. Thouvenel fit des représentations énergiques au grand-vizir Réchid-Pacha, qui répondit d'une façon dilatoire, soutenant que l'influence de la Turquie ne s'était pas manifestée plus indiscrètement que celle des agents français.

Tandis que les négociations se poursuivaient, Vogoridès allait toujours à l'avant. Il fit procéder aux élections conformément à ses listes. Les quelques gens indépendants qui n'avaient pas été exclus des listes électorales, manifestèrent leur indignation en s'abstenant de voter. Il se trouva même quelques séparatistes pour se joindre à cette manifestation. Quant au collège de paysans, la pression exercée dépassa toutes les bornes (2).

(1) Lettre de M. Benedetti à M. Thouvenel du 31 mai 1857, Thouvenel, p. 106.

(2) « Vous serez certainement confondu du résultat des élections moldaves, mandait M. Place à M. Thouvenel, le 23 juillet ; pour le clergé, sur quarante-huit égumènes (supérieurs de couvents), *cinq* ont voté, dont un étranger. Sur trois mille deux cent soixante-trois

L'Empereur des Français reconnut qu'il n'y avait plus de ménagements possibles envers une Puissance qui tenait si peu compte de ses engagements internationaux.

M. Thouvenel, qui n'avait cessé de soutenir les Roumains dans leurs réclamations, adressa, en son nom, au grand-vizir la note suivante (28 juillet) : « J'ai l'honneur d'annoncer à Votre Altesse que le gouvernement de l'Empereur mon Auguste Maître, appréciant comme je n'avais cessé de supposer et de le dire, les circonstances qui ont précédé et accompagné les opérations électorales en Moldavie, a donné au commissaire de Sa Majesté dans les Principautés du Danube l'ordre de protester contre le résultat d'un scrutin entaché de nullité, et m'a en outre prescrit, de la façon la plus formelle, par une dépêche télégraphique, en date du 27 de ce mois, de réclamer l'annullation immédiate et absolue de ces élections. J'a-

prêtres, *vingt-neuf* ont pris part aux élections. Ce que je sais déjà, prouve que l'abstention a été telle que la majorité des électeurs inscrits n'a pas pris part au scrutin. Avec ces fameuses listes électorales qui sont un phénomène de mensonge, le gouvernement, en retirant leurs droits d'élection aux *neuf dixièmes* de la population, devait cependant croire que tous les inscrits voteraient pour lui, et voilà que la majorité même de ceux-là lui échappe, tant l'indignation est grande ! Sur plusieurs milliers de propriétaires, il n'y a pas deux cents votants ! Est-ce que la Turquie, l'Autriche et l'Angleterre ne vont pas enfin reculer de honte devant la réprobation universelle d'un pays qu'on a la prétention de consulter. » (Thouvenel, p. 134).

jouterai que les instructions du gouvernement de l'Empereur ne sauraient me permettre d'accepter ni un refus, ni un atermoiement, et je prie Votre Altesse de vouloir bien me mettre en mesure de faire connaître à Paris dans le plus bref délai possible la résolution définitive de la Sublime Porte (1). »

Le grand-vizir fit mine de résister encore à ces injonctions. L'ambassadeur de France fit amener alors le drapeau de l'ambassade et s'embarqua à à bord du stationnaire. Son collègue de Russie suivit son exemple et les envoyés de la Prusse et de la Sardaigne menacèrent d'en faire autant. La Turquie ne se tint pas pour battue. Malgré cette attitude comminatoire de quatre grandes Puissances, elle refusa d'annuler les élections. Elle se croyait assez forte pour tenir bon jusqu'au bout.

Il est vrai que la situation de la France n'était plus aussi brillante qu'au Congrès de Paris. Depuis que l'Angleterre avait pris une attitude anti-unioniste, que son ambassadeur à Constantinople, lord Stratford, poussait à l'extrême, les adversaires du point de vue français avaient beaucoup gagné en force. Celui-ci avait bien encore pour lui la Russie, mais cette Puissance jugeait prudent de ne pas trop s'avancer. « La Russie est silencieuse, dit M. Benedetti ; elle répond quand on l'interpelle, mais se réserve le plus pos-

_____

(1) Cf. Thouvenel, *Trois années de la question d'Orient*, p. 119.

sible. » Quant à la Prusse et à la Sardaigne, elles ne comptaient pas encore beaucoup. Les deux camps se trouvaient ainsi partagés presque également et la solution devenait difficile si l'Angleterre se montrait trop intransigeante.

Dans ces conditions, le gouvernement impérial se montra disposé à faire quelques concessions. Il comprit que le prince étranger, que les unionistes regardaient comme un complément nécessaire à l'union, était la pierre d'achoppement du projet. C'est la dynastie étrangère que les Turcs craignaient le plus pour le maintien de leur suzeraineté. En cédant sur ce point, le gouvernement français pensait satisfaire les susceptibilités de la Porte et rallier l'Angleterre au moins à l'union administrative avec un prince indigène.

Mais ce qui importait avant toute chose, c'était d'obtenir l'annulation des élections moldaves, effectuées avec un si singulier mépris de l'honnêteté politique. C'est à quoi s'appliqua l'Empereur lui-même dans une entrevue qu'il se ménagea avec la Reine Victoria à Osborne. Il représenta à ses hôtes que leur persistance à maintenir intact le pouvoir de la Turquie était exagérée. L'Empire Ottoman, pour lui, était incurable et son morcellement était fatal (1). Il obtint que l'Angleterre appuyât sa demande auprès

____

(1) Debidour, *Histoire diplomatique de l'Europe*, T. II, p. 173.

de la Porte, mais en échange il dut aller dans ses concessions sur la question de principe plus loin qu'il ne l'aurait voulu.

Il s'assura ensuite à nouveau de l'amitié du Tsar en allant le visiter à Stuttgart ; les deux souverains se promirent de ne s'engager ou de prendre parti dans aucune grande affaire sans s'être avertis et concertés. Ils n'y prirent d'ailleurs aucun engagement plus spécial (1).

Dans l'arrangement d'Osborne, la France abandonnait l'union complète des deux Principautés sous un même gouvernement. Elle se contentait de l'unification de certaines institutions, telles que l'armée et la magistrature.

Ce résultat marque certainement un recul dans la politique française. Mais l'Empereur était bien persuadé que le nouvel état de choses ne serait pas de longue durée. Les élections une fois annulées et refaites plus loyalement produiraient sans aucun doute une majorité qui proclamerait l'union. Ce vœu ne recevrait pas satisfaction, d'après les nouveaux engaments des puissances, mais il aurait un pouvoir moral assez fort pour triompher en fin de compte.

Les entrevues d'Osborne et de Stuttgart produisirent leur effet à Constantinople.

Les élections furent annulées, les listes électorales

(1) Em. Olivier, T. III, p. 423.

revues et corrigées et l'on procéda avec ces nouvelles listes à de nouvelles élections. Vogoridès lui-même se corrigea et donna l'ordre à ses agents de laisser les élections s'effectuer librement. L'effet de cette nouvelle attitude du gouvernement fut sensible. Cette fois on pouvait compter sur l'expression véritable des vœux de la population. La presque totalité des membres du divan moldave était unioniste. Quant au divan de la Valachie, où les élections s'étaient passées correctement, il était évidemment tout entier acquis à l'union.

III. — Le divan moldave se réunit le 4 octobre (22 septembre) 1857 au milieu des ovations de la population, fière d'être pour la première fois appelée à faire connaître ses désirs. La présidence de droit échut au Métropolitain. Les premières séances furent consacrées à la vérification des pouvoirs, à la confection d'un règlement et à la constitution du bureau.

Le 19 octobre, sur la proposition de cinq députés, on vota à l'unanimité une motion exprimant la reconnaissance du divan aux Puissances signataires. Ensuite, le grand patriote, M. Kogalniceano, prit la parole pour exprimer et défendre les cinq points qui résumaient les vœux des Moldaves :

1º Le respect des droits des Principautés et particulièrement de leur autonomie, d'après la teneur de leurs anciennes capitulations conclues avec la Sublime Porte en 1393, 1511 et 1634 ;

2° *L'union des Principautés en un seul État avec le nom de Roumanie ;*

3° Un prince étranger héréditaire élu parmi les dynasties régnantes de l'Europe et dont les héritiers seront élevés dans la religion du pays ;

4° La neutralité du territoire des Principautés ;

5° Le pouvoir législatif confié à une assemblée générale dans laquelle seront représentés tous les intérêts de la nation.

Tous ces droits seront placés sous la garantie collective des Puissances signataires du traité de Paris.

Cette motion fut chaleureusement appuyée par C. Hurmuzaky : « Nous désirons, conclut-il, l'union, parce que nous sommes las de servir de pomme de discorde entre des puissances rivales. »

Son discours fut suivi d'un autre, prononcé par Al. Balche, qui constitue une protestation isolée contre l'union. Sa motion, bien que signée seulement par deux membres et non cinq, comme l'exigeait le règlement, fut écoutée par le Divan. Il déclare que la Moldavie, en échange d'un avenir incertain, ne peut renoncer aux privilèges qu'elle possède, qui sont plus avantageux que ceux de la Principauté voisine. Il prétendait voir ces avantages dans le fait que la Moldavie s'est soumise volontairement, tan-

dis que la Valachie a été vaincue avant de se soumettre.

Même en admettant cette hypothèse, quel avantage
les origines de la soumission créaient-ils actuellement à la Moldavie?

Cette argumentation ne convainquit personne.
Al. Balche et son cosignataire, l'évêque de Roman,
restèrent seuls de leur avis. Les cinq points, votés
par appel nominal, furent admis par quatre-vingt-
trois voix contre deux. Des cris nourris de vive
l'union ! accueillirent le résultat du scrutin.

Le divan valaque tint sa première séance le 11 octobre (30 septembre). Après les préliminaires
d'usage, on aborda la discussion des vœux à émettre.
Le député C. Kretzulesco formula en quatre points
les mêmes désirs que l'assemblée moldave. Ils furent
votés à l'unanimité, et on décida de les appuyer
par un mémoire explicatif adressé à la Commission.

Le résultat prévu était atteint. Appelés par les
Puissances à se prononcer sur l'organisation future
des Principautés, les députés moldaves et valaques
avaient, à la presque unanimité, exprimé catégori-
quement leur manière de penser. Un nouvel arrangement des mêmes Puissances ayant adopté une solution contraire, les vœux exprimés seront réduits à
néant.

Le rôle des divans était-il terminé par l'adoption
des quatre points ? Les Puissances signataires du

traité de Paris avaient tenu à avoir leur avis non seulement sur la réorganisation politique, mais encore sur un ensemble de réformes administratives et sociales. Les deux divans envisagèrent d'une manière différente l'attitude qu'ils eurent à observer à ce sujet.

Les députés valaques jugèrent qu'il était superflu de discuter les changements intérieurs tant que la constitution politique de l'État resterait indécise. Si l'union était adoptée, le travail serait en effet bientôt à recommencer pour établir l'accord avec les Moldaves. A côté de cette raison pratique, il y avait une question d'amour-propre national. On pensait que les vœux politiques perdraient de leur relief si on les faisait suivre immédiatement par des discussions de moindre importance. Ces discussions étaient d'autant plus à redouter qu'elles auraient certainement soulevé des querelles de partis qui auraient troublé l'impression de concorde patriotique qui s'était dégagée du premier vote et auraient nui à la cause de l'union (1).

Le divan valaque déclara donc à la Commission qu'il y avait bien des réformes à accomplir, mais qu'il subordonnait ces questions à la future organisation du pays. La Commission, toujours en désaccord, donna acte au divan de sa déclaration et s'abstint d'insister.

____

(1) Xenopol, T. VI, p. 612, éd. roumaine.

Le divan valaque se prorogea le 4/16 décembre 1857 pour une date indéterminée.

L'assemblée moldave fut d'un autre avis. Elle estima qu'il n'était pas indispensable qu'elle fût fixée sur l'adoption ou le rejet de l'union pour se concerter sur les réformes intérieures. Elle prit néanmoins la précaution de demander à la Commission européenne que les différences qui pourraient survenir dans l'expression des vœux des deux divans ne portassent aucun préjudice à l'union, au sujet de laquelle l'accord était unanime.

Quant à la crainte de provoquer des passions politiques au sein de l'assemblée, elle n'existait guère en Moldavie. Le mouvement de 1848 avait vu naître en Valachie un parti libéral, surnommé le parti rouge, imbu d'idées démocratiques rapportées de Paris, auquel s'était opposé un parti de résistance qui redoutait un bouleversement trop précipité des institutions politiques. Ces deux partis étaient déjà entrés dans un vif antagonisme et l'exil des chefs libéraux n'avait fait qu'envenimer cet état de choses.

Au contraire, en Moldavie, les disputes intestines n'avaient pas encore eu l'occasion de se montrer dans toute leur âpreté. Les idées révolutionnaires n'y avaient pas percé et, après 48, la question de l'union s'y était présentée comme une condition si essentielle de vitalité que la population presque entière. du boyard au paysan, s'était unie pour la lutte.

C'est ce qui explique le courage avec lequel les députés moldaves abordèrent la discussion des réformes intérieures. Cette détermination eut une double conséquence : l'une, heureuse, fut que la classe des paysans, si longtemps opprimée, eut l'occasion d'y exposer ses misères et d'attirer l'attention de ceux qui allaient décider de leur sort.

L'autre conséquence fut regrettable. C'est que précisément ce qui avait été évité jusque-là, l'antagonisme des classes, se fit jour à cette occasion. Le problème de la condition des paysans donna lieu à des discussions violentes et on finit par ne pas lui trouver de solution.

Le parti qu'avait pris le divan valaque avait donc été plus heureux. Voyant la stérilité de ses débats, le divan moldave les interrompit et prononça sa clôture après avoir voté une adresse de remercîments aux représentants des Puissances. (21 décembre 1857-2 janvier 1858.) (1).

Nantie des actes des deux divans, la Commission élabora son « rapport d'ensemble » qui devait servir de guide aux représentants réunis à Paris. Cette élaboration fut longue et pénible ; les avis étaient tellement divisés qu'il était à peu près impossible de fixer une rédaction qui contentât tout le monde (2). On aboutit à un résultat des plus ternes (3).

(1) Cf. Xenopol, T. VI (éd. roum.), p. 613 et suiv.
(2) Le baron de Talleyrand trace un tableau fort expressif de

Le rapport commence par constater les quatre
vœux émis par le divan valaque. Il ajoute tout de
suite... qu'il n'a rien à y ajouter : « Ici, la Commission doit constater en premier lieu la position qui
lui est faite par les circonstances dans lesquelles elle
se trouve placée. Les instructions ultérieures que
les commissaires ont reçues de leurs gouvernements
les mettent dans l'impossibilité de discuter les questions auxquelles se rapportent précisément les vœux
ci-dessus mentionnés, il en résulte que la Commission ne peut aborder dans son rapport collectif aucune des questions sur lesquelles ont exclusivement
porté les votes du divan valaque. »

La Turquie prétend que le divan ne s'est pas con-
formé aux prescriptions du firman : nouveau cas
d'incompétence pour la Commission : « Il n'est pas

---

ces divisions et de leur résultat dans un rapport à Thouvenel
du 29 décembre 1857 : « Après d'innombrables visites, des cause-
ries aigre-douces, des brouillons mutuellement biffés et amendés,
il était évident que nous ne nous entendrions jamais sur ce qu'il y
avait *à dire*. C'est alors qu'a jailli l'idée lumineuse de nous concerter pour *nous taire*, et voici l'argumentation que je vais proposer demain à l'acceptation de mes collègues : « Le Divan a émis
quatre vœux *politiques*, sur lesquels il est interdit à la Commission de se prononcer. La Commission n'a donc à s'occuper que des
questions *intérieures* sur lesquelles le Divan a refusé de s'expliquer. *Ergo...* le travail à notre point de vue = 0 ! Et voilà ce que
nous sommes venus faire ici ! » (Thouvenel, p. 214).

(3 *de la page précédente*) Rapport adressé au Congrès de Paris
par la Commission européenne siégeant à Bucarest en 1857. Bucarest, Imprimerie de l'État, 1869.

non plus de la compétence de la Commission de constater si la manière de procéder du dit divan et si les règlements adoptés pour la marche de ses débats sont conformes ou non aux prescriptions du firman de convocation, car elle n'a pris aucune part à l'élaboration de ce document, et son mandat ne l'a point autorisée à en interpréter le sens. »

Suit un extrait du mémorandum exposant les causes historiques et juridiques qui ont motivé l'adoption des quatre points (1).

La Commission ne se prononce pas davantage sur le refus du divan de s'occuper des réformes intérieures avant le règlement de l'organisation politique. On voit donc que, dans le rapport de la Commission relativement à la Valachie, on ne trouve qu'une seule constatation, c'est qu'elle n'a rien à dire.

Il en est un peu différemment des vœux exprimés par les députés moldaves. Les cinq points principaux ne suggèrent guère de remarques aux commissaires. Lorsqu'ils en arrivent aux réformes intérieures dont s'est occupé le divan moldave, ils trouvent enfin matière à donner leur avis. Une entente relative s'établit lorsque ces réformes n'ont aucune portée au delà des frontières moldaves. Des réserves nombreuses sont faites notamment par les délégués turc et autrichien, dès que le moindre intérêt de leur

(1) V. le chapitre V.

pays est en jeu. Enfin, lorsque la question est trop épineuse, la Commission se déclare incompétente.

Ainsi la Commission ne voit aucun inconvénient à admettre l'égalité de tous les Roumains devant la loi et devant l'assiette de l'impôt, et le respect de la propriété. Elle admet que le respect du domicile et de la liberté individuelle forment la base de la législation future, que l'instruction publique gratuite et obligatoire ainsi que l'inamovibilité de la magistrature soient désirables, que la constitution admette la responsabilité des Ministres.

S'agit-il au contraire de la liberté des cultes, le commissaire ottoman fait ses réserves quant à la restriction faite, conformément aux capitulations, pour la religion mahométane. C'est encore la Puissance suzeraine qui proteste contre la demande que les Principautés puissent établir librement leurs relations commerciales. S'agit-il de l'abolition de la juridiction consulaire, c'est d'abord la Turquie qui refuse de l'admettre, à moins que les Puissances n'y renoncent pour tout le territoire de l'Empire, c'est ensuite l'Autriche qui ne veut pas renoncer à l'avantage qu'ont les sujets autrichiens de ne pas être soumis à la juridiction des tribunaux du pays. Quant au tribut à payer à la Porte, que le divan lui demande de régler d'une manière conforme aux droits incontestables des Principautés, la Commission déclare que cette question est en dehors de sa compétence, vu

qu'il s'agit de traités conclus avec la Porte et qui
sont maintenus en vigueur par le traité de Paris.
Les réformes sociales qui avaient soulevé de si violentes discussions, en soulevèrent encore entre les
commissaires et ne trouvèrent aucune solution.

IV. — Il est clair que ce rapport ne faisait pas
faire un pas à la solution des principales questions
politiques, puisqu'il préférait ne pas même en parler.
On n'était pas plus avancé qu'au traité de Paris.

La solution de la question allait être entravée encore par les intrigues sans fin de la Turquie exas-
pérée par le vote des assemblées et poussée toujours
par l'Autriche. Déjà avant qu'il ne fut prononcé, le
grand-vizir Aali-Pacha essaya de porter le discrédit
sur ces assemblées et de réserver à la Turquie la faculté de ne pas tenir compte de leurs vœux. Il envoya
dès le 23 septembre une circulaire aux agents turcs
dans laquelle il proteste encore contre le projet
d'union (1). Il ajoute que, depuis l'annulation des
élections moldaves, il s'était formé des clubs quasi-
révolutionnaires qui avaient provoqué un terrible
découragement parmi ceux des habitants des deux
provinces qui naguère avaient montré encore quelque peu de courage dans leurs opinions. Des assemblées élues sous de tels auspices, ne pouvaient être

____

(1) *Annuaire des Deux-Mondes*, 1857-58.

de nature à inspirer confiance à la Sublime Porte.

Par conséquent, le gouvernement du Sultan jugeait de son devoir de déclarer franchement que « quel que puisse être le désir exprimé par les divans ad-hoc relativement à l'union des deux Principautés, la Sublime Porte, en s'appuyant sur le texte du traité de Paris, se sentait absolument obligée de maintenir ses précédentes décisions relatives à cette éventualité. Le texte du traité de Paris porte d'ailleurs que l'arrangement final pour l'organisation définitive des Principautés devait dépendre entièrement d'une entente entre la Turquie et les autres Puissances. » Voulant montrer un peu d'esprit de conciliation, le ministre des affaires étrangères du Sultan ajoute qu'en repoussant l'unité de la Moldo-Valachie, la Porte n'avait pas l'intention d'exclure « toute idée d'assimilation des lois administratives qui pourraient se concilier avec les droits du Sultan et avec le maintien de la séparation politique des deux provinces ».

Le cabinet de Vienne adressa aussitôt une circulaire pour déclarer que l'Autriche adhérait entièrement sur ce point aux vues de la Turquie.

Les autres Puissances s'empressèrent de manifester leur désapprobation. Le prince Gortchakoff, chancelier de l'Empire de Russie, par une dépêche du 22 octobre adressée à son ambassadeur à Constantinople, dit que le cabinet de Pétersbourg ne pouvait que se référer à l'attitude qu'il avait adoptée à l'origine de la question. Le baron de Manteuffel, ministre prussien, fut plus explicite. Il a pleine confiance dans la manifestation des divans, ne pouvant s'empêcher de les considérer comme des organes légalement convoqués et constitués.

Sur ces entrefaites, les divans exprimèrent leurs votes relatifs aux quatre points. La Porte ne perdit pas de temps. Aussitôt qu'elle en fut informée, et avant que la Commission pût transmettre son rapport, Aali-Pacha lança une nouvelle circulaire dans laquelle il invoque de nouveaux arguments. L'unanimité avec laquelle les votes avaient été exprimés, rendait plus difficile sa tâche de jeter la suspicion sur les deux assemblées. Il fit donc appel au danger que courait le droit de suzeraineté de la Turquie confirmé au traité de Paris.

Les représentants moldo-valaques, dit-il, ont eu soin dans leurs discours et dans l'expression de leurs vœux de ne point prononcer même le nom de suzeraineté et ont employé des termes qui démontrent suffisamment à quel résultat ils veulent arriver. Il est vrai que pour sauver les apparences et pour mieux cacher leur arrière-pensée, ils ont parlé de leur désir de respecter leurs anciennes capitulations avec la Porte, mais ces capitulations ont été violées plusieurs fois par les Moldo-Valaques eux-mêmes, et d'ailleurs les originaux n'en existent nulle part. Au contraire, l'histoire de l'empire, outre des documents innombrables, est là pour montrer quels sont les vrais titres en vertu desquels la Sublime Porte a exercé sa souveraineté légitime sur ces contrées depuis tant de siècles, et qu'elle a été l'origine de leurs privilèges.

On voit donc que la Porte conteste maintenant jusqu'à la valeur des capitulations et prétend, sans d'ailleurs s'appuyer sur aucun fondement précis, exercer sur les Principautés des droits de *souveraineté*.

Reprenant l'idée contenue dans sa circulaire précédente, Aali-Pacha ajoute que la composition de ces assemblées faisait bien prévoir ce résultat. On ne pouvait pas attendre une issue plus raisonnable des élections auxquelles ont pris une si grande part des hommes imbus des idées qui ont marqué le bouleversement de l'Europe entière en 1848.

Après cette allusion, destinée à réveiller en Europe les principes légitimistes, la circulaire ajoute que le fait même d'avoir émis des votes politiques était contraire aux intentions des Puissances qui n'auraient eu en vue que des réformes administratives. Nous avons déjà remarqué plus haut que cette affirmation était inexacte puisque c'est à la suite de leurs discussions sur les réformes politiques que les Puissances avaient décidé de consulter les populations (1).

______

(1) Cf. pour cette circulaire : l'*Annuaire des Deux-Mondes*, 1857-58.

La dépêche se termine par la déclaration que le gouvernement turc se réserve de discuter et de combattre les demandes soi-disant nationales des assemblées moldo-valaques lorsque s'ouvriraient les conférences de Paris.

Dans sa réponse à cette circulaire (17 novembre) le prince Gortchakoff déclare se référer à sa dépêche du 22 octobre et y ajoute seulement quelques réserves sur les assertions d'Aali-Pacha relatives aux capitulations et sur l'expression de « souveraineté » qui est employé dans la circulaire turque, expression, dit le Chancelier russe, « qui ne saurait en aucun cas être employée aux rapports de ces provinces avec la Sublime Porte ».

La Porte persévéra jusqu'au bout dans son attitude intransigeante au sujet de ses droits prétendus souverains sur les Principautés et acheva de blesser les sentiments des Moldo-Valaques. Les Puissances ayant décidé la clôture des divans, le Sultan envoya des firmans de clôture, dans lesquels, à la suite du nom de chacune des deux Principautés il ajoute ces mots: « qui font partie intégrante de mon Empire. »

La nouvelle conférence européenne allait-elle tenir compte des vœux proclamés par les divans ? Si l'on s'en était tenu à l'esprit du Congrès de Paris, la solution n'était pas douteuse. La question des Principautés avait été soulevée dans un intérêt européen, celui d'opposer à la Russie une barrière qu'elle ne

puisse plus franchir. Pour arriver à ce but on s'était
occupé de leur donner une organisation plus forte et
on avait proposé leur union. Des doutes ayant été
élevés sur l'assentiment de la population à cette
transformation, on avait décidé de les consulter et
elles s'étaient prononcées favorablement. Le bon sens
le plus simple commandait donc aux Puissances de
donner leur ratification à ce vote et, à défauts les
engagements contractés leur en faisait un devoir.

Il était certain néanmoins que l'union ne se réaliserait pas encore. Les Puissances montrèrent qu'au sujet
de l'Orient leur désunion était réellement forte qu'elles
ne parvenaient même pas à rester unies sur la base
d'un engagement moral solennellement contracté.

On ne tiendrait donc compte des vœux des divans.
L'entrevue d'Osborne avait montré que la France
cédait sur le point principal. Le gouvernement anglais expliqua ses intentions à l'ouverture du Parle-
ment (4 mai). Lord Palmerston déclara qu'il ne
trouve de légitime et de respectable en Orient que la
domination turque.

« Je ne pense pas, dit-il, que l'Europe eût pris les
armes pour défendre les Principautés contre la Russie si cette invasion n'avait pas été considérée comme un empiétement sur la Turquie. »

On pouvait dès lors prévoir que la conférence s'ar-
rêterait à une solution qui ne satisferait que très im-
parfaitement les vœux des Roumains.

CHAPITRE IV

LA CONFÉRENCE DE PARIS

—

I. — Discussion et dispositions de la Convention du 19 août 1858.
II. — Mécontentement dans les Principautés. Double élection de Couza.
III. — Accord des puissances au sujet de l'union personnelle.
IV. — L'union administrative et le coup d'État du 2/14 mai 1865.
V. — L'union définitive sous une dynastie étrangère.

Malgré l'accord d'Osborne, les divisions étaient encore des plus aiguës dans le camp des Puissances au moment de la réunion de la conférence. L'Autriche est toujours implacable dans sa résolution de contrarier la Russie. « Nous ne voulons, dit M. de Prokesch à M. Thouvenel, nous ne voulons de la Russie *sous aucune forme* sur nos confins slaves du sud. C'est une question de vie ou de mort pour la moitié de notre empire, une de ces questions pour lesquelles on se bat pendant vingt ans (1). »

La Turquie parlait toujours de l'intégrité de son territoire qu'on lui avait garantie, bien qu'elle n'eût

(1) Thouvenel, p. 259.

sur les Principautés que des droits de suzeraineté que personne d'ailleurs ne lui contestait.

L'entente entre la France, la Russie et l'Angleterre s'était établie par les entrevues d'Osborne et de Stuttgard. Le gouvernement impérial ayant abandonné son projet primitif, n'avait plus d'autre ambition que de sauver les apparences. Cette tâche lui fut facilitée par la chute de Palmerston et le rappel de lord Stratford de Constantinople. Les deux ennemis les plus implacables de la France étaient tombés et leurs successeurs, ayant hâte de régler la question, se montrèrent plus accommodants.

I. — C'est dans ces conditions que s'ouvrirent les conférences de Paris, le 22 mai 1858 (1).

Après avoir pris connaissance du rapport de la Commission élaboré à Bucarest conformément à l'article 23 du traité du 30 mars, le comte Walewsky ouvrit la discussion en rappelant l'opinion qu'il avait émise au Congrès de Paris en faveur de la réunion des deux Principautés (2). Les faits ont prouvé qu'il ne se trompait pas en représentant les Moldo-Vala-

(1) Voici les noms des premiers plénipotentiaires à la conférence : pour la France, le comte Walewsky ; pour l'Autriche, le baron Hübner ; pour l'Angleterre, le comte Cowley ; pour la Prusse, le comte Hatzfeldt ; pour la Russie, le comte Kisseleff ; pour la Turquie, Fuad-Pacha.

(2) Protocole n° 1, séance du 22 mai 1858. (Stourza, T. VII, p. 267 et suiv.)

ques comme unanimement inspirés du désir de ne
plus former à l'avenir qu'un seul État. Les délibérations des divans, l'étude faite sur les lieux-mêmes par
les agents français, ont confirmé le gouvernement
de l'Empereur dans la conviction que le but proposé, en même temps que le bien-être des populations, seraient complètement atteints par la réalisation de l'union sous le gouvernement d'un prince
étranger. Cette combinaison ne serait d'ailleurs nullement contraire aux stipulations du traité, car elle
n'aurait pas pour effet, comme on a semblé le croire,
de soustraire les deux Principautés réunies à la suzeraineté de la Porte Ottomane.

Le plénipotentiaire français constate donc que les
idées du gouvernement n'ont pas varié sur l'opportunité de l'union et que si cette réforme ne peut
être effectuée immédiatement, cela ne dépend pas
de la France.

L'envoyé anglais fit pressentir l'attitude du cabinet
de Londres en déclarant qu'il conviendrait d'entendre
d'abord les plénipotentiaires de la Cour suzeraine qui
avaient un intérêt plus spécial dans cette question.

Fuad-Pacha évita de parler des intérêts de la
Turquie. Il ne mentionne que ceux des Roumains et,
malgré tout ce qu'on a appris depuis le Congrès de
Paris, il maintient encore que ceux-ci sont contraires
à l'union.

La Porte, dit-il, désire maintenir les immunités

acquises aux Principautés et assurer leur prospérité ;
elle veut, comme tous ses alliés, le bien-être des
populations moldo-valaques. mais elle diffère avec
quelques-uns d'entre eux sur les meilleurs moyens
propres à atteindre ce résultat. Elle demeure con-
vaincue qu'on ne peut mieux faire que de conserver
aux deux Principautés des administrations séparées,
en cherchant à l'améliorer par le développement des
institutions existantes, conformes aux traditions, aux
mœurs et aux véritables intérêts du pays. S'appuyant
sur ces considérations, Fuad-Pacha croit devoir per-
sévérer dans l'opinion exprimée par le plénipotentiaire turc au Congrès de Paris.

A la suite de ces affirmations hypocrites, c'est le
représentant de l'Autriche qui se chargea de défendre les intérêts de la Turquie. Il se réfère également
à l'avis émis au Congrès de Paris. « La réunion des
Principautés, dit-il, donne des espérances de nature
à porter atteinte au principe de l'intégrité de l'Empire Ottoman, et, à ce point de vue, il convient de
prendre en grande considération l'opinion de la Puissance suzeraine qui n'a jamais varié. » D'autre part,
le baron Hübner s'associe à son collègue pour ne pas
envisager la réunion comme une mesure utile. Son
gouvernement, qui était à même de suivre et d'apprécier exactement le sentiment public dans ces contrées contiguës à l'Autriche, croyait avoir des raisons de douter que les divans eussent fidèlement

rendu les vœux des populations. La réunion pourrait devenir la source d'agitations permanentes. « Par ces motifs, conclut-il, l'Autriche, *intéressée d'ailleurs au maintien de la tranquillité dans un pays limitrophe*, pense qu'il faut chercher dans d'autres combinaisons, plus appropriées au véritable état de choses, le moyen d'assurer la prospérité des Principautés. »

Le comte Kisseleff, le même qui avait gouverné les Principautés après la paix d'Andrinople, soutient au contraire que les vœux des Principautés, exprimés à la presque unanimité en faveur de la réunion sous un prince étranger, étaient rationnels et légitimes, et qu'il était nécessaire d'en poursuivre la réalisation pour assurer le bien-être futur des Moldo-Valaques. Ce diplomate ajoute que telle avait déjà été son opinion lorsqu'il réorganisa les Principautés, ainsi que le constate le texte du règlement organique, que son avis n'a pas changé et que son gouvernement était prêt à adhérer à la réunion si la conférence voulait l'adopter.

L'opinion de Lord Cowley était intéressante à entendre, puisque c'est l'Angleterre qui s'était chargée depuis Osborne, de concilier des intérêts opposés. Il appuie l'opinion autrichienne en tant qu'il pense que la réunion ne répond pas à l'objet que le Congrès avait en vue. Il reconnaît cependant, sans examiner de trop près la manière dont elles ont été

représentées, que les populations s'étaient montrées
favorables à la réunion et il croit qu'on peut combi-
ner par l'assimilation des institutions administratives
un système propre à satisfaire les vœux des Principautés, tout en sauvegardant les droits légitimes de
la Puissance suzeraine. Il compte pour obtenir ce
résultat, sur l'esprit de conciliation qui avait déjà
permis aux Puissances de s'entendre sur des questions moins importantes.

Les plénipotentiaires de Prusse et de Sardaigne
s'exprimèrent dans un sens favorable aux votes des
divans, tout en se montrant disposés à faire des concessions.

Le ministre français entra alors à son tour dans la
voie de la conciliation. Il constata que si les avis
différaient, il ne pouvait être douteux que les Puissances désiraient trouver un terrain où elles pussent
se rencontrer. Aucune d'entre elles ne pouvait avoir
la pensée d'inspirer son opinion ; il serait même difficile de procéder par voie de majorité. Il espérait
par conséquent que la conférence réussirait à concerter une entente fondée sur des concessions mu-
tuelles de nature à satisfaire autant que possible à
tous les intérêts.

La conférence décida alors de rechercher cette
combinaison qui tiendrait compte de tous les intérêts
en présence. Le débat s'engagea aussitôt et fut labo-
rieusement continué.

Quel serait le point de départ des délibérations. Hübner chercha à restreindre le champ de la discussion en procédant par voie de revision du règlement organique. Il voulait éviter la discussion des rapports des Principautés entre elles et réduire les débats à l'examen des réformes législatives et administratives. Walewsky prévint cette manœuvres en faisant adopter sa proposition de s'occuper d'abord des changements politiques. Pour faciliter la tâche de la conférence il lui soumit un document contenant certaines propositions qui pouvaient servir de base à la discussion. Il prit soin toutefois de faire remarquer que ces propositions ne répondaient pas complètement à la manière de voir de la France et qu'elles n'avaient été combinées que pour faciliter une entente. Ce projet, combiné par Walewsky et Thouvenel prévoyait les points suivants : Suzeraineté du Sultan ; deux hospodars à vie et deux assemblées ; comme traits d'union, un comité central commun aux deux Principautés, composé de neuf membres valaques et autant de moldaves, pris dans les assemblées et siégeant à Focsani, ville-frontière ; les deux milices seraient organisées sur le même pied et seraient commandées, en cas de nécessité, par un chef unique nommé par le comité central ; le même drapeau servirait d'emblème aux deux pays. Les douanes, la poste, le système monétaire seraient unifiés.

Le plénipotentiaire d'Autriche consentit bien à con-

tre cœur à entrer dans l'examen de cette pièce, tout
en se réservant de combattre les dispositions qui lui
déplairaient.

Son attitude pendant la discussion fut cependant
fort terne. Sur l'ordre de son gouvernement, il évita
d'engager trop à fond l'opinion de l'Autriche. Le
gouvernement de Vienne se résignait en effet à voir
triompher, sinon la réunion complète sans un prince
étranger, qui était écarté, du moins le principe de
cette réunion contenu dans le projet transactionnel
du comte Walewsky (1).

Hübner donna libre cours à sa mauvaise humeur
en chicanant sur des questions de détail. C'est ainsi
qu'il se souleva contre le drapeau commun. Il fut
d'abord question qu'on imprime dans le coin supé-
rieur près de la hampe, un croissant qui aurait re-
présenté la suzeraineté du Sultan. Puis le plénipotentiaire d'Autriche demanda « à l'amitié de la
France », et en obtint qu'on repousse le drapeau
commun. L'union ne sera indiquée que par une banderole bleue fixée à la hampe.

Ayant enfin terminé ces discussions fastidieuses,
la Conférence fut close trois mois après son ouverture, le 19 août, après avoir adopté un texte qui re-
produit la plupart des dispositions contenues dans
le mémoire présenté par le gouvernement français.

---

(1) Cf. *Annuaire des Deux-Mondes*, 1858-59.

La suzeraineté du Sultan est maintenue. Les Principautés continueront à jouir des privilèges et immunités garantis par les capitulations avec la Porte (articles 1 et 2). Celles-ci étant tombées dans l'oubli à tel point que la Turquie en contestait même l'existence, la conférence reconnut pour authentiques celles attribuées à Bajazet Ier, Mahomet II, Sélim Ier et Soliman II. Les Principautés auront, conformément à ses anciens textes, le droit de s'administrer librement, sans que la Porte puisse se mêler de leurs affaires intérieures. Le Sultan n'aura d'autre droit que de prélever un tribut et de confirmer les princes.

Les privilèges des Principautés continueront, ainsi que cela avait déjà été prévu au Traité de Paris, à être placées sous la garantie collective des Puissances, ce qui confère à celles-ci le droit d'intervention en cas de conflit entre les Principautés et la Porte.

Elles porteront la dénomination de Principautés-unies de Moldavie et de Valachie qui est bien l'image du système mitigé d'union et de désunion que les Puissances ont adopté.

La séparation des gouvernements est maintenue. L'article 3 dit que les pouvoirs publics seront confiés, *dans chaque Principauté*, à un hospodar et à une assemblée élective. *L'hospodar est élu à vie* et peut être moldave ou valaque. Il doit être confirmé par la Porte. Les assemblées, élues pour sept ans,

ont pour mission de voter le budget et de discuter
les lois.

Certaines institutions communes sont ensuite établies. Une Commission centrale, siégeant à Focsani.
sera le trait d'union le plus important entre les deux
provinces. Elle sera composée de seize membres,
dont quatre seront choisis par chacun des hospodars
et quatre par chacune des deux assemblées. Elle par-
ticipera au Pouvoir législatif en préparant les lois
d'intérêt commun qui seront soumises au vote des
deux divans. Au cas où ceux-ci introduiraient des
amendements, la loi reviendra devant la Commission
centrale qui appréciera et arrêtera un projet définitif
que les assemblées ne pourront plus qu'adopter ou
rejeter dans son ensemble. La Commission centrale
sera tenue d'adopter les amendements votés à la fois
par les deux assemblées. Les lois d'intérêt spécial
devront également lui être soumises avant d'être
sanctionnées par l'hospodar. Elle aura a apprécier si
elles sont compatibles avec l'acte constitutif de la
nouvelle organisation. Enfin, elle s'occupera à codifier les lois existantes, les mettant en harmonie avec
les dispositions de la Convention. Ce corps de législation sera exécutoire dans les deux Principautés
après avoir été voté par les assemblées respectives,
sanctionnées et promulguées par chaque hospodar.
Enfin, le rôle de la Commission consistera encore à
signaler à l'hospodar les abus qu'il lui paraîtra urgent

de réformer et à lui suggérer des améliorations pour les différentes branches de l'administration (articles 27 à 37).

Il y aura une seule haute-cour de justice pour les deux Principautés. Les deux forces armées seront organisées sur le même pied et auront un seul commandant en chef. Les drapeaux porteront la banderole bleue symbolisant l'union (1).

II. — Les dispositions de la conférence de Paris étaient frappées d'avance d'un arrêt de mort prochaine. Elles ne satisfaisaient personne, bien que l'idée qui les avait inspirées était de satisfaire tout le monde.

La France s'était résignée à faire des concessions pour éviter une rupture, mais le gouvernement impérial était loin de considérer la solution comme définitive. C'est ce qu'indique le comte Walewsky lorsqu'il mande à M. Thouvenel à la date du 14 août, quelques jours avant la signature de la Convention : « Si ce n'est pas l'union immédiate, c'est bien certainement l'union assurée dans l'avenir (2). »

(1) Cf. pour l'examen détaillé des mesures prises par la Convention de Paris : B. Boéresco, *Examen de la Convention du 19 août 1858*; M. Boéresco, *La situation juridique des anciennes Principautés roumaines du Danube avant 1878 (Revue générale de droit internationale public*, mai-juin 1897) ; G. de Monicault, *Le Traité de Paris et ses suites*, Paris, 1898.

(2) Thouvenel, p. 293.

L'Autriche, qui avait mis tant d'ardeur à combattre l'union, était non moins mécontente de voir qu'on en avait établi les bases. Quant à la Turquie, dont la souveraineté avec les restrictions et les garanties établies par la Convention n'était plus qu'un simulacre, elle dut une fois de plus se déclarer battue et se résigner. Fuad-Pacha, après avoir signé le traité, avait dit mélancoliquement en passant la plume au plénipotentiaire sarde : « Le premier partage de la Turquie ! »

Quant aux Principautés, la première impression qui s'y produisit fut celle du découragement. C'est donc pour en arriver à ce piètre résultat qu'on avait mis tant d'espoir dans les promesses des Puissances, que le pays avait été agité pendant de si longs mois, que les vœux des populations avaient été si hautement proclamés ! On en voulait à bon droit aux Puissances de ne plus s'être préoccupées des opinions des Roumains, après avoir proclamé au traité de Paris leur droit de se prononcer sur la reconstitution de leurs États (1).

Ce mécontentement du début fit place à de nouvelles espérances, il fut le stimulant d'un nouvel élan national. Il fallait prouver à l'Europe que les vœux de la nation étaient plus forts que les décisions des diplomates. « Le principe de l'union est proclamé, dit

____

(1) Cf. Thouvenel, chap. XIII.

M. B.. Boéresco, c'est à nous Roumains à faire le reste (1). »

Il n'y avait qu'un danger à cela, c'était de se laisser entraîner sur les pentes révolutionnaires. Nous n'examinerons pas ici si, juridiquement, les Puissances pouvaient décider de la constitution politique des Principautés en opposition avec leurs vœux. Toujours est-il que de fait elles avaient pris leur cause en mains et qu'elles avaient cherché une solution qui pût satisfaire tous les intérêts en jeu. Il eût été imprudent de s'insurger contre cette solution.

Dès que la convention du 19 août fut ratifiée, les Puissances prirent des mesures pour en assurer l'exécution. On s'occupa d'abord d'instituer un gouvernement provisoire qui offrit les garanties nécessaires pour assurer la liberté des élections aux divans dont la première tâche consistait à choisir les hospodars. Pour éviter des compétitions dangereuses et des influences intéressées, on avait décidé cette fois que les gouvernements seraient composés d'après les prescriptions du Règlement organique.

Ce document disposait qu'en cas de vacance hospodarale les derniers ministres de l'intérieur et de la justice et le président de la Haute Cour seraient de plein droit nommés caïmacams. On se reporta donc

____

(1) B. Boéresco, *Examen de la Convention du 19 août*, Paris 1858.

aux derniers règnes à peu près réguliers de Stirbey et de Ghika, qui avaient pris fin au lendemain du traité de Paris. Les caïmacams ainsi désignés étaient, pour la Valachie, J. Mano, Em. Balliano et J.-A. Philippesco; pour la Moldavie, Et. Catargi, B. Stourdza et A. Panu.

C'est encore en Moldavie que la lutte du parti national allait rencontrer le plus de difficultés. C'est ici encore que l'Autriche et la Turquie reprirent leur influence oppressive. Leur tâche était devenue plus facile par le fait que le parti anti-unioniste s'était accru du grand nombre de gens prudents qui craignaient de s'opposer aux décisions de la Conférence. Les patriotes courageux ne s'en montrèrent que plus unis. Les caïmacams avaient été choisis pour les hautes fonctions qui leur valurent ce poste par le prince Grégoire Ghika qui, ainsi que nous l'avons vu, avait agi loyalement en faveur des aspirations de ses sujets vers l'union. Il y avait donc des chances pour que les caïmacams poursuivent la tradition qu'ils avaient observés comme fonctionnaires de Ghika.

Ces espérances se réalisèrent du moins pour deux d'entre eux, Stourdza et Panu. Leur tâche était d'autant plus difficile que la convention avait délimité le pouvoir du nouveau gouvernement à la stricte exécution de ses dispositions. Ils devaient se borner à présider les élections du divan. Il y avait donc peu de place dans ce rôle à la poursuite de l'idée unioniste.

Tout au plus pouvaient-ils user de leur influence pour contrebalancer l'action de l'Autriche qui continuait à se faire sentir. Ils en eurent bientôt l'occasion, car l'Autriche se mit à élever de nouvelles prétentions en dépit même des dispositions de la convention.

L'article premier de la convention du 19 août adoptait expressément pour les Principautés la dénomination de Principautés-unies. Néanmoins le consul d'Autriche refusa de viser les passeports qui portaient ce titre, prétextant qu'il était incompatible avec la séparation administrative. Le ministre B. Alexandri protesta par une note du 11 novembre 1858 et, en signe de représailles, refusa le visa du gouvernement moldave aux pièces émanant du consulat d'Autriche. Le gouvernement français le soutint en acceptant de délivrer des passeports aux sujets moldaves.

De nouvelles difficultés surgirent bientôt au sein du gouvernement. Catargi, le seul parmi les caïmacams qui témoignât de ses sympathies pour l'Autriche, avait obtenu de reprendre le département de l'intérieur, qu'il avait géré sous le prince Ghika, et profita de l'autorité que lui donnait cet important ressort du gouvernement pour faire à sa guise des nominations de préfets antiunionistes et pour maintenir en fonctions ceux que le gouvernement antérieur, tout dévoué à l'Autriche, avait institués. Ses deux collègues invoquèrent leur autorité de caïmacams, supérieurs à celle du ministre de l'Intérieur pour faire plier Cartagi. Celui-ci fut inflexible.

Stourdza et Panu révoquèrent alors de leur propre gré plusieurs préfets. Catargi manifesta son mécontentement en s'abstenant de paraître aux séances du Conseil. Il fut encouragé dans son attitude par le consul d'Autriche et par le commissaire turc Afif-Bey, qui remit une lettre de son gouvernement dans laquelle il est soutenu que toute nomination importante devait être faite à l'unanimité des caïmacams. Ce personnage avait été envoyé après la conclusion de la convention, avec la mission de remettre aux caïmacams moldaves leur hatti-chérif de nomination. Sa mission terminée, il n'avait pas jugé bon de s'en aller et se mêlait maintenant, sans plus avoir aucun caractère officiel, de surveiller les actes des caïmacams et de se faire l'intermédiaire du grand-vizir.

Aussi les deux caïmacams protestèrent-ils contre ces procédés. Ils y ajoutèrent une mesure qui exaspéra la Porte. Se basant sur l'article 9 de la Convention, qui disait que les hospodars devaient être représentés à Constantinople par des agents, ils rappelèrent Fotiade, ce représentant de la Moldavie connu pour son dévouement à la Turquie, sous prétexte qu'il n'y avait pas de prince régnant, mais seulement une lieutenance princière.

Le grand-vizir demanda aussitôt la réunion des ambassadeurs et leur soumit ses griefs. Les caïmacams s'étaient aliéné la bienveillance de la France elle-même. La mesure prise à l'égard de l'agent moldave fut jugée abusive. Il en fut de même de la destitution des fonctionnaires de Catargi. Un memorandum de blâme à ce sujet, signé par tous les ambassadeurs, fut envoyé au gouvernement de Jassy (1).

Désavoués même par la seule Puissance qui soutenait encore le parti national, les deux caïmacams eurent une tâche des plus ardues lorsque les élections eurent lieu. Il fallait empêcher à tout prix que la majorité du divan fût anti-unioniste et se laissât guider dans le choix du prince par des considérations personnelles.

Le gouvernement turc continuait la lutte. Pris de la crainte de voir élire une majorité nationale, il lança le bruit, au moyen d'une note aux Puissances, que la loi électorale avait été violée et demanda l'ajournement du scrutin. Cette demande n'ayant pas eu de résultat, la Porte se réserva le droit de refuser l'investiture aux candidats nommés par des députés dont elle jugeait le mandat irrégulier.

En attendant la réalisation de ces menaces, les élections eurent lieu. Sur soixante-quatre membres, le parti national ne réussit à élire que trente des siens. La majorité appartenait donc aux antiunionistes. Heureusement pour la cause nationale, cette

____

(1) Cf. Xenopol, T. VI (éd. roum.), p. 628 et suiv.

majorité était à son tour divisée en deux groupes, dont chacun avait son candidat. Les uns optaient pour l'ex-hospodar Michel Stourdza, les autres pour son fils Grégoire. En face du danger qui menaçait si les Grégoriens et les Michéliens tombaient d'accord, les nationaux cherchèrent un candidat qui eût.des chances de réunirent une majorité.

Ils finirent par tomber d'accord sur la personne du colonel Alexandre Couza, le même qui, sous Vogoridès, avait envoyé avec éclat sa démission de préfet de Galatz. Cette crânerie, jointe à une réputation d'homme intègre, lui avait valu une grande popularité qui permettait de supposer que les antiunionistes se rallieraient à sa candidature. Le résultat du vote, qui eut lieu le 17 janvier 1859, dépassa toutes les espérances. Alexandre Couza réunit l'unanimité des suffrages et fut proclamé prince de Moldavie.

Que s'était-il passé en attendant en Valachie? Les conditions n'y étaient pas les mêmes. Ici l'Autriche et la Turquie avaient renoncé à la lutte ouverte, parce qu'elles ne trouvaient aucun soutien. Tandis qu'en Moldavie. il fallait pour être unioniste avoir une conception très élevée des destinées de la patrie roumaine, souvent en opposition avec les intérêts moldaves, en Valachie l'idée unioniste était à la portée de tout le monde, parce que tout le monde y voyait un intérêt immédiat. L'union n'avait donc guère eu Valachie que des partisans.

Mais précisément parce que la nécessité de se coaliser contre une influence étrangère n'existait pas, le champ restait libre pour les discussions entre les partis qui concevaient de façon différente la voie à suivre dans les circonstances actuelles. Nous avons vu que dès 1848, il s'était formé un parti qui, abstraction faite de ses idées sur les rapports entre les Principautés, s'était tracé tout un programme de réformes intérieures, inspiré par des théories démocratiques avancées et dont la réalisation, au moment où la Valachie échappait au poignet de fer de la Russie, pouvait créer un saut brusque et préjudiciable à ses intérêts actuels. Le parti de résistance, composé en majeure partie de boyards, craignant le bouleversement de fond en comble de toutes les traditions, cherchait à maintenir l'esprit de discipline nécessaire à tout État organisé et à plus forte raison à un État qui est en train de s'organiser.

Cette lutte entre les deux partis fut entraînée malheureusement sur un terrain qui aurait dû, comme en Moldavie, rester en dehors des questions de rivalité de classes et réunir tous les bons patriotes. Dans la question de l'union, les libéraux allaient de l'avant. Ils voulaient triompher des réserves qu'avait faites la conférence de Paris et arriver coûte que coûte à l'union. Ils se firent de cette idée un drapeau sous le couvert duquel ils aspiraient à la popularité et peut-être au pouvoir.

J. M. 10

Les boyards, au contraire, qui avaient entre leurs mains les responsabilités du Gouvernement, ne pouvaient pas ne pas tenir compte des désirs des Puissances garantes et ne pouvaient encourager, pour l'instant, le mouvement unioniste. D'un autre côté, ils ne pouvaient admettre que leurs adversaires s'en fissent un monopole. Dans ces conditions, il était tout naturel que le parti au pouvoir se montrât prudent et cherchât à réprimer tout écart du mouvement national qui pût causer des inquiétudes aux Puissances.

Les caïmacams estimèrent donc que leur tâche consistait avant tout à pourvoir le pays d'un gouvernement fort et honnête. Ils soutinrent la candidature du prince Stirbey qui avait déjà eu l'occasion durant son règne aussi mouvementé que court de faire preuve de grandes qualités administratives. Les « rouges » avaient en vue un des leurs, Nicolas Golesco.

Après une lutte électorale des plus chaudes, le divan se réunit le 3 février. L'élection du prince moldave avait déjà eu lieu et l'idée avait surgi qu'on pouvait réaliser l'union sans se mettre en opposition avec le texte de la Convocation. Ce moyen était d'élire prince de Valachie le même qui avait été élu en Moldavie.

Cette idée ne manqua pas de causer de sérieuses inquiétudes, surtout dans les rangs du parti des boyards qui préféraient un gouvernement ayant déjà fait ses preuves à une entreprise aventureuse. Le colonel Couza n'était guère connu en Valachie. On avait bien entendu parler de la démission qu'il avait jetée à la face du caïmacam Vogoridès. Ce fait était certes une preuve de grande honnêteté politique, mais savait-on si cette honnèteté serait secondée par des capacités d'homme de gouvernement, indispensables pour conduire les Principautés unies à travers les difficultés qui les guetteraient?

D'ailleurs, l'union personnelle qui résulterait de cette double élection serait-elle l'accomplissement intégral des vœux de la population ? Les unionistes étaient presque tous d'accord pour ne pas détacher la question de l'union de celle du prince étranger. Ils le désiraient pour la tranquilité intérieure et pour le prestige extérieur. Et on voulait maintenant mettre à la tête des deux Principautés un prince indigène. Appuyé sur la force considérable que lui donnerait ce double vote, il ramènerait le pays au régime arbitraire de jadis, il prétendrait peut-être fonder une dynastie et exclure par là l'avènement d'un prince étranger.

Ces considérations firent hésiter bien des députés Valaques à accorder leur suffrage au prince de Moldavie. Cependant celui-ci fit des promesses formelles de ne pas céder à des ambitions personnelles et de se retirer devant un prince étranger si les Puissances admettaient le principe d'une dynastie non roumaine.

Devant l'intérêt national les hésitations, sinon les craintes, disparurent, et, lorsque Basile Boéresco proposa, dans la séance du 5 février, la candidature du prince Couza, cette proposition fut bien accueillie, et rallia l'unanimité de soixante-quatre suffrages.

Comment les Puissances allaient-elles accueillir ce vote ? Les Roumains ne se faisaient pas d'illusions là-dessus. Bien qu'on ne pût leur opposer aucun texte précis de la Convention, ils savaient qu'ils auraient de grandes difficultés à vaincre pour faire reconnaître ce nouvel état de choses. Mais l'Europe devrait bien finir par prendre leurs vœux en plus sérieuse considération.

Cet espoir fut exprimé dans les résolutions suivantes, adoptées par l'Assemblée de Jassy après la double élection : « L'Assemblée élective, devant Dieu et devant les hommes, déclare que l'union des Principautés en un seul État et sous un prince étranger d'une des familles régnantes en Europe, demandée dans les mémorables journées des 7 et 9 octobre, a été, est et demeure le vœu le plus vif, le plus ardent, le plus général de la nation roumaine.

« L'Assemblée élective exprime, au nom du pays, son profond regret que ce vœu important, dont l'accomplissement peut seul assurer le bonheur de cinq millions de Roumains, n'ait pas été réalisé.

« *L'Assemblée espère que l'Europe, dans son équité, tiendra compte des vœux exprimés à tant de reprises et avec tant d'insistance par la nation toute entière* (1). »

À son tour, le prince Couza ajouta aux démarches de l'Assemblée ses assurances personnelles de désintéressement.

« En me fondant sur le vote du divan *ad hoc*, réitéré par l'Assemblée de Moldavie dans sa séance du 5 janvier, je constate de nouveau que le pays a demandé l'*union avec un prince étranger*. Quant à moi personnellement, j'ai toujours travaillé au succès de cette combinaison, et mon élection n'a pu en rien affaiblir mes convictions antérieures.

« Dépourvu d'ambition personnelle et ne désirant rien autre que le bien de mon pays, tel qu'il l'entend et le demande, je n'ai pas besoin de déclarer que je serai toujours prêt à retourner à la vie privée, et que je ne considérerai pas ma retraite comme un sacrifice, si les grandes Puissances, prenant en considération les vœux légitimes d'une nation qui aspire à se développer et qui voit s'ouvrir devant elle la voie d'un nouvel avenir, consacraient par leur décision une combinaison qui, pour cette nation, réaliserait toutes ses espérances.

« Ce sont là les sentiments qui animent la nation, dont je suis heureux d'être personnellement l'interprète. Qu'il me soit permis de croire que par la

____

(1) N. Blarcmberg, p. 685.

puissante intervention du cabinet..., le sort des Roumains sera résolu conformément à ce que la nation entière a exprimé (1). »

III. — Le résultat du vote de l'assemblée valaque avait déjoué tout le plan de campagne des Puissances qui avaient combattu l'union. Aussi la Turquie, soutenue par l'Autriche et par l'Angleterre, s'empressa-t-elle de protester et de demander l'annulation de l'élection en invoquant la convention du 19 août. On relut le texte de cette convention, on le retourna sur toutes ses faces, mais on chercha vainement une disposition qui fût contraire au maintien du vote.

L'article 3 dit que « les pouvoirs publics seront confiés, dans chaque principauté, à un hospodar et à une assemblée élective ». « Le pouvoir exécutif, ajoute l'article 4, sera exercé par l'hospodar. » Ainsi les textes parlent, pour chaque principauté, d'*un* hospodar. Mais cela exclut-il la possibilité que les deux fonctions distinctes soient concentrées dans la personne d'un seul ? Si la personnalité légale, émanant d'une double délégation restait double, cela empêchait-il que la personnalité physique ne fût une ? N'y avait-il pas, dans le droit des gens, des exemples de deux ou de plusieurs titres, émanant de nations

(1) Lettre contenue au *Moniteur officiel* de Moldavie, 1858-1859, nº 30.

différentes et concentrées sur un seul souverain ? Il en est ainsi de l'empereur d'Autriche qui porte en même temps les titres de roi de Hongrie, de Bohême, etc. ; du roi de Suède qui est en même temps roi de Norwège (1).

S'il était question, dans la convention, de deux hospodars, ce dualisme ne pouvait donc s'appliquer qu'au titre et non à la personne. On ne pouvait donc pas s'attacher au texte de la convention, on chercha alors à en démêler l'esprit.

Il est bien évident que les diplomates avaient négligé de prévoir le cas où le même personnage serait appelé aux deux dignités. Aucune disposition de la convention ne s'était occupée de cette éventualité et, à plus forte raison, n'en avait établi la prohibition. Cette prétérition, prétendit-on, suffisait pour établir que la solution admise n'entrait pas dans les vues des Puissances signataires. Au point de vue juridique, cette thèse est insoutenable. Le droit admet comme principe que les *nullités ne se suppléent pas.* On ne peut déclarer un acte nul en se rapportant aux intentions du législateur, lorsque celui-ci n'en a pas établi expressément la prohibition.

Même si l'on n'admet pas l'application de ce principe de droit civil aux traités internationaux, qui eût

____

(1) Cf. *Est-ce légal ? La Roumanie, le congrès, la situation actuelle*, Paris, 1859.

pu déterminer exactement les intentions des Puissances lorsqu'elles conclurent la convention? C'était une question d'appréciation toute subjective que pouvaient avoir les Puissances antiunionistes, mais qu'il était difficile de faire admettre à celles qui avaient toujours conseillé l'union.

La discussion était difficile sur ce terrain, d'autant plus que la France était presque seule à vouloir l'union à tout prix. La Russie elle-même trouvait l'élection illégale. « Je n'admettrais pas, dit Gortchakoff, qu'on déclarât cette élection régulière, mais je me prêterais à ce qu'on la confirme exceptionnellement par crainte des difficultés d'une nouvelle consultation (1). »

Ce sont ces difficultés que la France invoqua pour maintenir la double élection. Le représentant de la Porte à la Conférence de Paris ayant protesté énergiquement contre les illégalités qui ont altéré les élections en Moldavie et en Valachie, qui constituent une violation des clauses élaborées par la conférence, et ayant demandé l'application des mesures de coercition prévues par l'article 8 de la convention du 19 août 1858, le gouvernement impérial fit valoir les conséquences politiques qu'amèneraient fatalement l'annulation du vote. Il était évident que l'assemblée valaque ne se déjugerait pas et qu'un nouveau scrutin donnerait le même résultat. Si l'on

_____

(1) Ém. Olivier, T. III, p. 428.

dissout l'assemblée, le peuple n'en est pas moins acquis à l'union et enverrait une nouvelle assemblée animée du même esprit. Dès lors, les Puissances devraient imposer leur volonté par des moyens de coercition dont l'application serait bien délicate. Le gouvernement russe, dans ces conditions, se rallia à la politique française. Le Tsar en fit la déclaration formelle au chargé d'affaires de France :

« J'ai toujours pensé, lui dit-il, que la dernière élection de Couza devait être confirmée par les Puissances, et, en cela comme en toute chose, j'étais guidé par le désir de me trouver d'accord avec l'empereur Napoléon. J'espère que nos gouvernements s'entendront sur ce point comme ils l'ont fait jusqu'à ce jour en toute occasion (1). »

L'Angleterre consentit à une entente. L'Autriche, menacée dans ses possessions italiennes, baissa le ton. On décida de réunir la conférence pour trancher la question. Elle était appelée en même temps à régler une question de principe qui avait été négligée lors de la précédente conférence. Il s'agissait de fixer les moyens dont on userait à l'avenir pour trancher les conflits qui pourraient s'élever entre les Principautés et la Puissance suzeraine au sujet de l'interprétation de la convention.

La Conférence ne fut pas de longue durée. On

(1) Ém. Olivier, t. III, p. 428.

n'était parvenu à aucune entente lorsqu'éclata la
guerre entre la France et l'Autriche, qui en entraîna
forcément la suspension.

La conférence se réunit de nouveau le 6 septembre. La proposition de la France l'emporta. On sem-
bla bien reconnaître que la convention du 19 août
avait été violée, mais cela n'avait aucune conséquence pratique, puisqu'on maintenait cette violation. On obtint de la Turquie qu'elle accordât l'investiture au colonel Couza, comme hospodar de la
Moldavie et de la Valachie, tout en lui accordant la
satisfaction que cette double reconnaissance ne serait
valable que pour cette fois seulement et serait noti-
fiée par deux firmans séparés. Pour l'avenir on décida qu'en cas de nouvelle violation de la convention,
la Porte enverrait, après accord avec les Puissances,
un commissaire *ad hoc* qui, accompagné des délégués des Puissances, demanderait que la mesure en
question fût rappelée. En cas de refus, la Sublime
Porte se concertera avec les Puissances garantes
sur les mesures coercitives qu'il y aura lieu d'arrêter.

Grâce à l'obstination patriotique des Roumains, les
Principautés avaient fait un nouveau pas vers la réalisation de leur réunion. Secourue par la persévé-
rance de l'empereur Napoléon, la nation roumaine
avait en même temps réalisé une nouvelle victoire
du principe des nationalités. Bien que la confirma-

tion de la double élection ne fut accordée qu'à titre provisoire, on pouvait prévoir dans un avenir prochain une victoire définitive.

En attendant, le prince Couza, muni de sa double investiture, eut à lutter avec des difficultés sans nombre. La convention de Paris, base de la constitution politique des Principautés, avait créé, dans le but de satisfaire à la fois les partisans et les adversaires de l'union, un rouage législatif des plus compliqués et des plus embarrassants pour la marche régulière des affaires publiques.

« Une assemblée est quelquefois, à elle seule, un obstacle dans les moments d'un enfantement organique : qu'on se figure donc les péripéties que, sous le régime de la convention, le moindre projet de loi était astreint à traverser. Il devait d'abord émaner de la Commission centrale, soit en vertu de sa propre initiative, soit sur la proposition du gouvernement, qu'il était d'ailleurs loisible à la Commission de laisser reposer dans ses cartons indéfiniment ; le projet adopté par la Commission était soumis au prince, qui le présentait si et quand il le jugeait à propos aux deux assemblées ; si le projet était amendé, ou si les deux assemblées n'étaient pas d'accord dans les modifications qu'elles y apportaient, il devait faire retour à la Commission. Restait après cela la sanction des deux princes — selon les prévisions de la convention — sanction qui dépendait de leur appréciation

ou du degré de leur entente. Il fallait donc, pour
qu'un projet fût converti en loi, un temps indéter-
miné et le concours de la volonté de cinq pouvoirs,
indépendants l'un de l'autre. La double élection vint,
il est vrai, supprimer un de ces obstacles, mais la
difficulté originelle n'en conserva pas moins toute sa
force d'inertie (1). »

Il faut ajouter à ces difficultés d'ordre constitu-
tionnel les dissensions entre les deux partis en présence, arrivées, en Valachie surtout, à un tel degré
d'acuité qu'elles dégénérèrent jusqu'à l'assassinat
politique (2) Le prince n'avait pas l'autorité nécessaire pour rétablir l'équilibre entre les partis. Ses
ministères étaient renversés au bout de quelques
mois et cette situation rendait impossible la politique
de réformes que l'état du pays réclamait.

Couza se trouvait absolument paralysé. Il ne manquait pas de bonnes intentions, mais il ne pouvait
pas les exécuter avec ses ministères éphémères qui,
aussitôt constitués, se heurtaient à l'opposition des
assemblées. Il résolut donc, pour faciliter sa tâche,
de chercher à établir une seule assemblée et un seul
ministère.

(1) Mémoires du prince Nicolas Soutzo, 1798-1871. Vienne, 1899.
P. 366.

(2) Barbo Catargi, alors chef d'un cabinet conservateur, fut as-
sassiné le 9/21 juin 1862 au moment où il sortait de l'assemblée.

IV. — Dès son premier voyage à Constantinople, en octobre 1860, Couza avait pressenti les ambassadeurs au sujet de ce projet, en leur faisant entrevoir les difficultés qu'il rencontrait. Il fit suivre ces entretiens d'un mémoire détaillé. Le grand-vizir y répondit par une circulaire aux Puissances, rappelant à la Turquie que la dissolution serait forcément prononcée à la mort de Couza. Les Puissances, sauf l'Autriche, firent sur ce point leurs réserves. Elles reconnaissaient bien l'état provisoire de l'union, mais elles ne prenaient aucun engagement formel pour l'avenir. Si, à la mort de l'hospodar actuel, l'expérience était jugée heureuse, elles avaient la conviction que « dans sa haute et généreuse sollicitude pour le bien-être des populations... le Gouvernement de Sa Majesté le Sultan s'empresserait d'examiner, de concert avec les Puissances garantes, les conséquences naturelles qui découleraient d'une pareille situation (1) ».

Cette attitude enhardit le prince Couza qui se décida à opposer une fois de plus le fait accompli aux prétentions de la Turquie. Les deux assemblées ayant ouvert leur session le 15 décembre 1861, le prince adressa à son peuple une proclamation dans laquelle il déclare l'union accomplie et affecte d'employer le terme de *Roumains* et non de *Moldaves* et de *Valaques*. Quelques jours après il adresse un

____

(1) Cf. la note du gouvernement français dans de Clerq.

message aux deux Chambres, les invitant à se réunir
à Bucarest le 24 janvier (5 février) 1862, jour anni-
versaire de son élection en Valachie. En même temps
il nomme un ministère unique pour les deux Principautés. Dans son discours d'ouverture le prince
parle de nouveau de l'union définitive. L'adresse de
réponse de l'assemblée indique qu'elle approuve cette
mesure.

Les Puissances ne trompèrent pas les espérances
de Couza. Elles reconnurent, mais pour la durée du
règne de Couza seulement, les modifications qu'il
apportait à la Convention de Paris. Voici les dispositions principales de cet acte international (1) :

Art. 1er. — Tant que les deux hospodarats resteront réunis dans sa personne, le prince Couza gou-
vernera les deux Principautés avec le concours d'un
seul ministère qui réunira les fonctions exercées jusqu'à présent par les ministères de la Moldavie et de
la Valachie.

Art. 4. — Les changements qui pourraient être
effectués dans la division administrative des Principautés, laisseront intacte la frontière qui les a séparées jusqu'ici.

Art. 6. — A la première vacance de l'hospodarat,
les dispositions de la dite Convention du 19 août re-
prendront le droit de leur force suspendue.

____

(1) N. Blaremberg, p. 686.

Art. 7. — Il est entendu que toutes les dispositions de la Convention du 19 août, excepté celles qui sont temporairement modifiées, restent en pleine vigueur.

L'amélioration des rapports entre le prince et les représentations de la nation, ne fut pas de longue durée. Couza se sentait à l'étroit dans les limites des dispositions de la Convention. Celle-ci ne lui donnait le droit d'y apporter des modifications qu'avec l'approbation des Puissantes garantes. Le prince adressa à son agent à Constantinople un mémoire confidentiel à ce sujet. Il attribue la crise principalement à la difficulté de faire fonctionner dans un pays unifié une constitution faite pour deux provinces séparées. Il ajoute que le caractère viager laisse la porte ouverte à tous les prétendants. En conséquence, il demande l'autorisation d'apporter certains changements à la Constitution.

Sur l'initiative de la France, les Puissances prirent cette demande en considération et, avec plus ou moins de réserves, elles exprimèrent l'avis qu'il y avait lieu de modifier par voie diplomatique la constitution des Principautés.

Le principe fut donc posé, mais l'application n'était pas près d'être réalisée. Le prince ne se résigna pas à attendre. Il préparait une loi agraire destinée à lui assurer la popularité parmi les masses. L'Assemblée qui craignait que le prince, à force de flatter les ap-

pétits des foules, ne finît par user de procédés dicta-
toriaux, par émettre des prétentions à la fondation
d'une dynastie, lui faisait une opposition systéma-
tique.

Couza brûla la politesse aux Puissances et se décida à agir seul. Il voulut établir la représentation
nationale sur des bases plus larges. Il prononça la
dissolution de la Chambre et proclama son projet de
statut et sa nouvelle loi électorale (1). Il les soumit à
un plébiscite, moyen fort usité alors pour imprimer
un cachet de légalité à des usurpations de pouvoir.
Il réunit pour son projet 713,000 voix contre 57,000.

Nous ne nous occuperons pas des conséquences
que ce coup d'État eut au point de vue des affaires
intérieures. On a reproché au prince d'avoir trompé
toutes les espérances qu'on avait placées en lui sur la
foi de ses promesses, de s'être lancé dans le césa-
risme en flattant les appétits des foules et en profitant de l'auréole d'une popularité mal acquise pour
ramener tout à lui, pour promulguer de son propre
mouvement et à la hâte des lois importantes qui de-
mandaient une mure réflexion et une discussion mi-
nutieuse.

Nous ne nous risquerons pas à des appréciations
là-dessus, les événements étant trop récents. Nous
n'examinerons le coup d'État qu'au point de vue de

_____

(1) 2-14 mai 1864.

ses conséquences internationales et nous devons constater que, sous ce rapport, les ambitions personnelles du prince Couza servirent la cause nationale.

Le préambule du « statut développant la Convention du 7/19 août 1858 » est ainsi conçu :

« La Convention conclue à Paris le 7/19 août 1858 entre la Cour souveraine et les Puissances garantes de l'autonomie des Principautés-Unies, est et demeure la loi fondamentale de la Roumanie.

« Toutefois la double élection des 5 et 24 janvier 1859, l'accomplissement de l'union et la suppression de la Commission centrale, rendant inapplicables plusieurs articles essentiels de la Convention, tant pour combler ces lacunes que pour rétablir l'équilibre entre les pouvoirs de l'État, il est proposé à la nation le statut suivant : ... »

Le premier alinéa maintient, il est vrai, les dispositions fondamentales de la Convention ; mais le second renferme implicitement la proclamation du droit de la nation d'y apporter des dérogations et est en opposition formelle avec l'alinéa 2 de l'article 2 de la Convention qui dit que les Principautés s'administreront librement « dans les limites stipulées par les Puissances garantes avec la Cour suzeraine ».

Certes la double élection et l'unification administrative constituaient déjà aux yeux des Puissances des dérogations aux dispositions de la Convention, mais ces Puissances n'avaient reconnu ces combinai-

sons qu'à titre exceptionnel et provisoire. Allaient-
elles maintenant admettre le principe posé par le
préambule du statut?

A l'époque qui nous occupe, les Puissances avaient
déjà détourné leurs regards du Bas-Danube et lais-
saient volontiers les événements s'y dérouler d'eux-
mêmes. La Turquie seule éleva la voix, ne reconnais-
sant pas au prince le droit de modifier les lois
fondamentales établies par des traités internationaux.

Couza ne s'émut pas de cette protestation. Il se
rendit une seconde fois à Constantinople, eut une
entrevue avec l'ambassadeur de France et obtint avec
le concours de celui-ci la reconnaissance du nouveau
statut modifié en certains points de détail.

L'accord entre le prince et le Sultan, sous forme
d'un acte additionnel à la Convention du 19 août,
est précédé du préambule suivant :

« La Convention rendue à Paris, le 19 août, entre
la Cour suzeraine et les Puissances garantes est et
demeure la loi fondamentale des Principautés-Unies.

« Quoique les Principautés-Unies puissent désormais modifier les lois qui régissent leur administration intérieure, avec le concours légal de tous les
pouvoirs établis et sans aucune intervention, il est
néanmoins bien entendu que cette faculté ne saurait
s'étendre aux liens qui unissent les Principautés à
l'Empire Ottoman, ni aux traités en vigueur entre la
Sublime Porte et les autres Puissances qui sont et

demeurent également obligatoires pour lesdites Principautés.

« Toutefois les événements qui se sont succédés depuis la conclusion de la Convention de Paris ayant rendu nécessaire la modification de quelques-unes des dipositions de cette convention, la Sublime Porte vient de s'entendre avec Son Altesse le prince des Principautés-Unis et de se mettre d'accord avec LL. Exc. MM. les représentants des Puissances signataires du traité de Paris sur le présent acte additionnel à la dite Convention, arrêté et convenu comme suit :... »

L'acte prévoit l'institution d'un Sénat, dont les membres seront nommés par le prince, la moitié directement, l'autre moitié sur une liste élue parmi les membres des Conseils généraux. Le Sénat exercera, avec le Prince et l'Assemblée, le pouvoir législatif. Il est institué un Conseil d'État qui préparera les projets de loi, présentés par le Prince. Enfin, les principes de la nouvelle loi électorale seront basés sur une extension du droit de suffrage.

Un protocole de la Conférence des ambassadeurs, du 28 juin 1864, confirme cet acte additionnel (1).

Quoique cet accord semble ne rien changer aux principes de la Convention et la maintienne comme loi fondamentale des Principautés, il réalise cepen-

(1) N. Blaremberg, p. 711.

dant un progrès important pour les Principautés, puisqu'il confirme une nouvelle Constitution, établie de sa propre autorité par le prince et corroborée par un plébiscite de la nation. De plus, il est, pour la première fois, depuis près de deux siècles, le résultat de pourparlers directs entre le prince et la Sublime Porte. Il constitue donc un précédent important qui diminue sensiblement les pouvoirs des Puissances sur les Principautés.

V. — La question de l'union devait encore une fois faire l'objet d'une discussion entre les Puissances à la fin du règne de Couza. Après le Coup-d'État celui-ci ne put plus se maintenir longtemps au pouvoir. Il s'était montré aux yeux de tous suspect de tendances à l'absolutisme qui ne répondaient pas du tout aux promesses qu'il avait faites lors de son élection et au désir général du pays de voir le trône occupé un jour par un prince étranger.

Il se forma contre lui une puissante coalition des deux grands partis qui aboutit à une révolution militaire. Le prince fut forcé d'abdiquer le 11/23 févrie 1866. La lieutenance princière, immédiatement formée, présenta par la voix de son premier ministre aux chambres réunies le projet d'élire comme prince de Roumanie le comte Philippe de Flandre. Les Chambres s'empressèrent d'acclamer à l'unanimité cette candidature.

Le prince, ayant refusé, sur le conseil de l'Empereur Napoléon III, la couronne qui lui était offerte, le gouvernement provisoire chercha un candidat qui eût des chances de ne pas déplaire aux Puissances. Elle le trouva dans la personne du prince Charles de Hohenzollern qui, apparenté à la Maison Impériale de France en même temps qu'à la Maison de Prusse, pouvait compter sur l'appui de ces deux Puissances. Cette candidature, soumise à un plébiscite le 8/20 avril, fut accueillie avec enthousiasme dans les deux Principautés.

Comment cette nouvelle manifestation des vœux de la nation allait-elle être accueillie par les cabinets européens? La Turquie redoutait l'avènement d'un prince étranger qui, par le prestige que lui donnait sa race, allait rendre plus difficile encore l'exercice de sa suzeraineté. Elle maintenait d'ailleurs son point de vue de rétablir la séparation des Principautés, puisqu'elle n'avait consenti à leur réunion qu'à titre provisoire pour la durée du règne de Couza. Elle trouva cette fois un appui non seulement dans l'Autriche, toujours fidèle à sa politique, mais encore dans la Russie qui craignait aussi que son autorité ne fût compromise par l'institution d'une dynastie étrangère. Dans le camp opposé se trouvaient avec la France, dont le concours à la cause des Principautés n'avait jamais faibli, l'Angleterre, la Prusse et l'Italie.

Quelques jours après l'abdication de Couza,
27 février, M. Drouyn de Luys avait proposé aux Cou
garantes de prendre part à une conférence à Paris.
leur rappela que l'unité avait achevé de se produi
avec l'assentiment de tous les signataires du Trai
de Paris, mais que la Porte n'y avait donné son a
sentiment que pour la durée du règne qui venait (
prendre fin, tandis que la presque unanimité d
Puissances s'est réservé la liberté d'action pour
fin de ce règne.

La conférence se réunit à Paris le 10 mars. Dai
la première séance il fut décidé que les agents étrai
gers inviteraient le gouvernement provisoire à .
borner au maintien de l'ordre et à l'administratioi
en s'abstenant de tout acte préjugeant les décisioi
de la conférence (1).

La Lieutenance princière n'ayant pas tenu comp
de cette injonction, la conférence vota le 2 mai, que
ques jours après le plébiscite, la déclaration su
vante :

« Le Gouvernement provisoire de Bucarest, e
provoquant par un récent plébiscite, la nominatio
d'un prince étranger, a contrevenu à la conventio
du 19 août 1858, laquelle défère à l'Assemblée l'élec
tion hospodarale. La conférence décide que *le soin d
faire résoudre la question du maintien de l'Unioi*

(1) Cf. *Annuaire des Deux-Mondes*, 1866-67.

doit être laissée à l'Assemblée qui va se réunir. Si la majorité, soit des députés moldaves, soit des députés valaques le demande, les uns et les autres auront la faculté de voter séparément. Dans le cas où la majorité se prononcerait contre l'union, ce vote aurait pour conséquence la séparation des deux Principautés. Cette question vidée, l'assemblée procédera à l'élection hospodarale qui, aux termes de l'article 13, *ne doit tomber que sur un indigène. —* Les consuls sont chargés de veiller d'un commun accord à la libre émission des votes et de signaler immédiatement à la conférence toute atteinte qui y serait portée. » (1).

Quant à la question de l'union, on voit qu'on avait fait du chemin depuis la Convention du 19 août, puisque les Puissances consentaient maintenant à s'en rapporter entièrement sur ce point à la représentation nationale. Pour ce qui en est du prince étranger, les Puissances qui lui étaient hostiles l'avaient emporté. Il ne restait donc plus au gouvernement roumain, pour donner satisfaction au vote émis par le plébiscite, que de hâter le fait accompli.

Il commença par obtempérer à la déclaration des Puissances en convoquant l'assemblée. Le 1/13 mai celle-ci procéda au vote sur le maintien de l'union et sur l'élection du prince. Personne ne demanda le

____

(1) Protocole nº 6.

vote séparé ; personne également ne se prononça contre l'union. Le prince Charles de Hohenzollern fut élu ensuite à l'unanimité des membres présents. L'assemblée confirma ce vote par la déclaration suivante, signée par tous ses membres :

« En considération de la déférence que nous devons à la Sublime Porte et aux Puissances garantes, l'Assemblée, interprète fidèle de la volonté nationale affirmée avec tant de force par les divans ad hoc, renouvelée depuis par toutes les Assemblées ainsi que par les Corps législatifs le 11 février, et enfin par le plébiscite du 8 avril, déclare, pour la dernière fois, en présence de Dieu et des hommes, que la volonté inébranlable des Principautés-Unies est de rester toujours ce qu'elles sont, à savoir : Une Roumanie, une et indivisible, sous le gouvernement héréditaire d'un prince étranger, appartenant à l'une des familles souveraines de l'Occident, et que le prince hériditaire de la Roumanie une et indivisible est le prince Charles-Louis de Hohenzollern-Sigmaringen, que l'Assemblée à son tour proclame sous le nom de Charles Ier. »

Il n'y avait pas de temps à perdre si l'on voulait mettre le fait accompli au-devant des protestations qui ne devaient pas tarder à s'élever. Le prince Charles, prévenu à temps des intentions de l'assemblée, accourut au travers de mille péripéties et fit son entrée à Bucarest le 10/22 mai aux acclamations de la population.

A la nouvelle de ces événements, le plénipotentiaire turc remit à la Conférence une protestation et
demanda immédiatement l'emploi des mesures coer-
tives prévues par les traités. Ses efforts, combinés
avec ceux de son collègue de Russie, ne vinrent pas
à bout des hésitations de la conférence qui finit par
se séparer, le 4 juin, sans qu'aucune décision ne fût
prise.

Les Principautés se trouvèrent dès lors placées face
à face avec la Turquie. Celle-ci paraissait décidée à
imposer sa volonté par la force des baïonnettes. Elle
concentra un corps d'armée à Ronstchonk qui semblait prêt à traverser le Danube.

Les Roumains firent tous leurs efforts pour arriver
à une conciliation. Dès son arrivée sur le sol roumain,
le prince Charles avait écrit au Sultan qu'il était prêt
à reconnaître sa suzeraineté. Il envoya ensuite M. J.
Ghika à Constantinople pour négocier un arrangement direct, promettant d'aller lui-même bientôt rendre visite à son suzerain.

Les ambassadeurs de France et d'Angleterre donnèrent leur assentiment à cette proposition. Quant à
l'Autriche, qui se trouvait au lendemain de Sadowa,
elle ne pouvait plus soutenir son alliée.

La Turquie finit par se résoudre à négocier. Elle
accepta, bien à contre-cœur, la dynastie étrangère et
délivra le 23 octobre 1866, le firman d'investiture que
le prince alla chercher lui-même à Constantinople.

En échange de ces concessions, on promit vaguement
au Sultan une augmentation du tribut. Cet arrangement trouva bientôt l'adhésion des Cours signataires
du traité de Paris.

CONCLUSION

LA ROUMANIE APRÈS L'UNION

—

L'union étant achevée, il nous reste à examiner quelles conséquences cette importante mesure eut sur les destinées futures des Principautés.

Et tout d'abord, le but que s'étaient proposé les Puissances de créer un État tampon suffisamment fort pour résister par sa propre autorité, doublée de la garantie des Puissances, aux entreprises de la Russie, se trouvait-il accompli ?

Il est hors de doute que le nouvel État roumain était placé dans une toute nouvelle posture vis-à-vis de la Russie. Cette puissance ne traitera plus désormais la Roumanie en pays conquis et, lorsqu'un nouveau conflit éclatera en 1877 avec la Turquie, les armées russes n'occuperont les pays danubiens qu'après une entente préalable entre les deux gouvernements.

Cependant les traités ne donnaient pas au nouvel État toutes les libertés auxquelles il aurait pu prétendre. Sa situation à l'égard de la Turquie était mal définie et le paralysait en quelque sorte dans son mouvement de développement.

Nous trouvons en effet dans les dispositions du Traité de Paris et de la Convention du 19 août 1858 des contradictions, dont l'origine s'explique par les opinions contraires qui ont présidé à leur rédaction, mais qui ne pouvaient constituer un régime légal durable.

D'une part, l'article 22 du Traité de Paris dit que « les Principautés de Valachie et de Moldavie continueront à jouir, sous la suzerainté de la Porte, et sous la garantie des Puissances contractantes, des privilèges et immunités dont elles sont en possession ».

Ces privilèges et immunités sont basés, ainsi que le proclame l'article 2 de la Convention de Paris, sur les capitulations émanées des Sultans Bajazet Ier, Mahomet II, Selim Ier et Soliman II. Or, ces capitulations ne comportaient d'autres restrictions à la souveraineté des Principautés que celle de payer un tribut annuel et de soumettre la nomination des hospodars à l'investiture du Sultan. Sur tous les autres points, notamment sur le droit de traiter avec les autres nations, la souveraineté des Principautés demeurait intacte (1).

(1) Le fait de payer un tribut ne constitue pas une déchéance de la souveraineté. Les auteurs sont presque tous d'accord là-dessus. (Vattel, *Droit des gens*, livre I, chap. 1, § 7; Klüber, *Droit des*

La logique exigeait, comme conséquence à l'article 22, qu'on en revienne à ce régime. Cependant, la Convention du 19 août ne l'entend pas ainsi. Elle semble vouloir restreindre la souveraineté des Principautés à l'administration intérieure.

« En conséquence, dit l'alinéa 2 de l'article 2, les principautés s'administreront librement et en dehors de toute ingérence de la Sublime Porte, dans les limites stipulées par l'accord des Puissances garantes avec la Cour suzeraine. »

Les restrictions aux droits des Principautés occupent une plus large part dans les textes. En dehors des dispositions relatives au tribut et à l'investiture, qui figuraient déjà dans les capitulations, l'alinéa 4 de l'article 8 ajoute :

« Comme par le passé, les traités internationaux qui seront conclus par la Cour suzeraine avec les Puissances étrangères seront applicables aux Principautés dans tout ce qui ne portera pas atteinte à leurs immunités. »

Quelle était au juste la portée de cette disposition? La Porte prétendit en conclure que la Roumanie n'avait pas le droit de traiter avec les autres

gens *moderne*, § 22; Wheaton, *Éléments de droit international*, partie I, chap. 2, § 14, etc.). — Cf. T. Arntz, *De la situation de la Roumanie au point de vue du Droit international. (Revue de Droit international public et de législation comparée*, 1877, p. 18).

États (1). Cette conclusion est inadmissible. Il est vrai qu'en fait, le droit de traiter avait été suspendu arbitrairement depuis l'époque où la Russie et la Turquie s'étaient arrogé des droits abusifs sur les principautés. Il n'en est pas moins certain que, dans l'époque antérieure au milieu du XVIIIe siècle, les princes ont conclu de nombreux traités avec leurs voisins (2), sans que la Porte se crût autorisée à s'y opposer.

En dépit de l'attitude intransigeante de la Porte, la Roumanie ne tarda pas à affirmer sous ce rapport ses droits de souveraineté, et il faut reconnaître que les Puissances ne contrarièrent pas cette tendance, puisqu'elles admirent son adhésion à un certain nombre de conventions internationales (3).

Un pas plus important encore fut franchi en 1869. Le 22 novembre de cette année, la Roumanie conclut avec la Russie une convention consulaire qui déclare abolie la juridiction consulaire russe.

(1) V. la circulaire de Réchid-Pacha du 24 septembre 1873 aux gouvernements étrangers.

(2) Cf. M. Boéresco, art. cit. (*Revue générale de Droit international public*, mai-juin 97), p. 338 et suiv.

(3) Le 8 août 1865, elle adhère à la convention télégraphique conclue à Paris au mois de mai de la même année. En 1868, elle signe avec les autres Puissances la nouvelle convention télégraphique de Vienne. Peu de temps après, elle conclut directement des conventions postales avec l'Allemagne et l'Autriche. (Cf. M. Mitilinen, *Collection des traités et conventions de la Roumanie.*)

Cette disposition est en contradiction absolue avec le texte de l'article 8 de la convention. Si le texte ne défend pas aux Principautés de conclure des traités avec les autres Puissances, il n'en déclare pas moins que les traités conclus par la Porte sont censés être conclus aussi pour les Principautés. Or, le régime capitulaire reposait sur des traités formellement consentis par la Porte.

En fait, le maintien du régime capitulaire en Roumanie ne se justifiait nullement. La Roumanie venait d'adopter une législation calquée sur celle de l'Occident et offrant par conséquent toutes les garanties d'une distribution équitable de la justice. La magistrature, sous le nouveau régime, ne pouvait de même inspirer que la confiance.

En droit, la disposition de l'article 8 devait également être réprouvée. Du moment qu'on entendait revenir au régime des capitulations entre les Principautés et la Turquie toute restriction de la souveraineté, en dehors de quelques questions de forme que nous avons mentionnées plus haut, était injustifiable.

La Russie fut donc la première à déclarer implicitement qu'elle entendait reconnaître la pleine souveraineté de la Roumanie. Bien que cette convention ne fut pas ratifiée par la Chambre, l'abolition effective du régime capitulaire ne se fit pas attendre longtemps. Dès 1873, la Cour suprême déclara que la fonction de juge en Roumanie ne pouvait être exercée par d'autres que par des juges nommés par le prince (1).

Les Puissances continuèrent dans la suite à se montrer favorables à l'émancipation progressive de la Roumanie. La haute autorité qu'acquerrait celui qui la gouvernait et les progrès surprenants accomplis par la nation expliquent cette attitude bienveillante. Le 22 juin 1875 fut signé, sans aucune consultation préalable de la Puissance suzeraine, un traité de commerce avec l'Autriche. Deux ans après, le 14 novembre 1877, l'Allemagne concluait directement une convention commerciale avec la Roumanie (2).

Un dernier pas restait à franchir, c'était la déclaration de l'indépendance. Elle fut conquise à la pointe de l'épée et reconnue par toutes les Puissances au traité de Berlin.

Vu :

Le Président de la thèse,

RENAULT.

Vu :

Le Doyen,

GLASSON.

Vu et permis d'imprimer :

Le Vice-Recteur de l'Académie de Paris,

GRÉARD.

(1) M. Boéresco, p. 375.

(2) Voir le texte de ces conventions dans le *Recueil des traités, conventions et autres arrangements de la Roumanie depuis 1864,* par M. T. Djuvara, 1888.

APPENDICE

—

TRAITÉ DE PARIS

DU 30 MARS 1856

Articles concernant la Roumanie

Art. 20. — En échange des villes, ports et territoires énumérés dans l'article 4 du présent traité, et pour mieux assurer la liberté de la navigation du Danube, S. M. l'Empereur de toutes les Russies consent à la rectification de sa frontière en Bessarabie.

La nouvelle frontière partira de la mer Noire, à un kilomètre à l'Est du lac Bourna-Sola, rejoindra perpendiculairement la route d'Akermann, suivra cette route jusqu'au val de Trajan, passera au sud de Bolgrad, remontera le long de la rivière de Ialpuk jusqu'à la hauteur de Sarantka, et ira aboutir à Kalamori sur le Pruth. En amont de ce point, l'ancienne frontière entre les deux empires ne subira aucune modification.

Des délégués des Puissances contractantes fixeront dans ses détails le tracé de la nouvelle frontière.

Art. 21. — Le territoire cédé par la Russie sera annexé à la principauté de Moldavie sous la suzeraineté de la Porte.

Les habitants de ce territoire jouiront des droits et privilèges assurés aux Principautés, et, pendant l'espace de trois années, il leur sera permis de transporter ailleurs leur domicile, en disposant librement de leurs propriétés.

Art. 22. — Les Principautés de Valachie et de Moldavie continueront à jouir, sous la suzeraineté de la Porte, et sous la garantie des Puissances contractantes, des privilèges et immunités dont elle sont en possession. Aucune protection exclusive ne sera exercée sur elles par une des Puissances garantes. Il n'y aura aucun droit particulier d'ingérence dans leurs affaires intérieures.

Art. 23. — La Sublime Porte s'engage à conserver aux dites Principautés une administration indépendante et nationale, ainsi que la pleine liberté de culte, de législation, de commerce et de navigation.

Les lois et statuts aujourd'hui en vigueur seront revisés. Pour établir un complet accord sur cette revision, une commission spéciale sur la composition de laquelle les hautes Puissances contractantes s'entendront, se réunira sans délai à Bucarest, avec un commissaire de la Sublime Porte.

Cette commission aura pour tâche de s'enquérir de l'état actuel des Principautés et de proposer les bases de leur future organisation.

Art. 24. — S. M. le Sultan promet de convoquer immédiatement, dans chacune des deux provinces, un divan *ad hoc* composé de manière à constituer la représentation la plus exacte des intérêts de toutes les classes de la société. Ces divans seront appelés à exprimer les vœux des populations relativement à l'organisation définitive des Principautés.

Une instruction du Congrès réglera les rapports de la commission avec les divans.

Art. 25. — Prenant en considération l'opinion émise par les deux divans, la commission transmettra sans retard, au siège actuel des conférences, les résultats de son propre travail.

L'entente finale avec la Puissance suzeraine sera consacrée pas une Convention conclue à Paris entre les hautes Puissances ; et un hatti-chérif conforme aux stipulations de la Convention constituera définitivement l'organisation de ces provinces, placées désormais sous la garantie collective de toutes les Puissances signataires.

Art. 26. — Il est convenu qu'il y aura, dans les Principautés, une force armée nationale, organisée dans le but de maintenir la sûreté à l'intérieur et d'assurer celle des frontières.

Aucune entrave ne pourra être apportée aux mesures extraordinaires de défense que, d'accord avec la Sublime Porte, elles seraient appelées à prendre pour repousser toute agression étrangère.

Art. 27. — Si le repos intérieur des Principautés se trouve menacé ou compromis, la Sublime Porte s'entendra avec les autres Puissances contractantes sur les mesures à prendre pour maintenir ou rétablir l'ordre légal, une intervention armée ne pourra avoir lieu sans un accord préalable entre ces Puissances.

CONVENTION DE PARIS

DU 19 AOUT 1858

Article premier. — Les Principautés de Moldavie et de Valachie, constituées désormais sous la dénomination de Principautés-Unies de Moldavie et de Valachie, demeurent placées sous la suzeraineté de S. M. le Sultan.

Art. 2. — En vertu des capitulations émanées des sultans Bajazet Ier, Mahomet II, Selim Ier et Soliman II, qui constituent leur autonomie en réglant leurs rapports avec la Sublime Porte et que plusieurs hatti-chérifs, notamment celui de 1834, ont consacrées ; conformément aussi aux articles 22 et 23 du traité conclu à Paris, le 30 mars 1856, les Principautés continueront de jouir, sous la garantie collective des Puissances contractantes, des privilèges et immunités dont elles sont en possession.

En conséquence, les Principautés s'administreront librement et en dehors de toute ingérence de la Sublime Porte, dans les limites stipulées par l'accord des Puissance garantes avec la Cour suzeraine.

Art. 3. — Les pouvoirs publics seront confiés, dans chaque Principauté, à un hospodar et une Assemblée élective agissant, dans les cas prévus par la présente Convention, avec le concours d'une commission centrale, commune aux deux Principautés.

Art. 4. — Le pouvoir exécutif sera exercé par l'hospodar.

Art. 5. — Le pouvoir législatif sera exercé collectivement par l'hospodar, par l'Assemblée et par la commission centrale.

Art. 6. — Les lois d'intérêt spécial de chaque Principauté seront préparées par l'hospodar et votées par l'Assemblée.

Les lois d'intérêt commun aux deux Principautés seront préparées par la commission centrale et votées par les Assemblées auxquelles elles seront soumises par les hospodars.

Art. 7. — Le pouvoir judiciaire, exercé au nom de l'hospodar, sera confié à des magistrats nommés par lui, sans que nul ne puisse être distrait de ses juges naturels.

Une loi déterminera les conditions d'admission et d'avancement dans la magistrature, en prenant pour base l'application progressive du principe de l'inamovibilité.

Art. 8. — Les Principautés serviront à la Cour suzeraine un tribut annuel dont le montant demeure fixé à la somme de 1,500,000 piastres pour la Moldavie, et à la somme de 2,500,000 piastres pour la Valachie.

L'investiture sera, comme par le passé, conférée aux hospodars par S. M. le Sultan.

La Cour suzeraine combinera avec les Principautés les mesures de défense de leur territoire, en cas d'agression extérieure ; et il lui appartiendra de provoquer, par une entente avec les Puissances garantes, les mesures nécessaires pour le rétablissement de l'ordre, s'il venait à être compromis.

Comme par le passé, les traités internationaux qui

seront conclus par la Cour suzeraine avec les Puissances étrangères seront applicables aux Principautés dans tout ce qui ne portera pas atteinte à leurs immunités.

Art. 9. — En cas de violation des immunités des Principautés, les hospodars adresseront un recours à la Puissance suzeraine, et, s'il n'est pas fait droit à leur réclamation, ils pourront la faire parvenir par leurs agents aux représentants des Puissances garantes à Constantinople.

Les hospodars se feront représenter auprès de la Cour suzeraine par des agents (Capou-Kiaya), nés Moldaves ou Valaques, ne relevant d'aucune juridiction étrangère, et agréés par la Porte.

Art. 10. — L'hospodar sera élu à vie par l'Assemblée.

Art. 11. — En cas de vacance et jusqu'à l'installation du nouvel hospodar, l'administration sera dévolue au conseil des ministres, qui entrera de plein droit en exercice.

Ses attributions, purement administratives, seront limitées à l'expédition des affaires sans qu'il puisse révoquer les fonctionnaires, autrement que pour délit constaté judiciairement. Dans ce cas, il ne pouvoira à leur leur remplacement qu'à titre provisoire.

Art. 12. — Lorsque la vacance se produira, si l'Assemblée est réunie, elle devra avoir procédé dans les huit jours à l'élection de l'hospodar.

Si elle n'est pas réunie, elle sera convoquée immédiatement et réunie dans le délai de dix jours. Dans le cas où elle serait dissoute, il serait procédé à de nouvelles élections dans la délai de quinze jours, et la nouvelle Assemblée serait également réunie dans le délai de dix jours. Dans les huit jours qui suivront sa réunion, elle devra avoir procédé à l'élection de l'hospodar.

La présence des trois quarts du nombre des membres inscrits sera exigée pour qu'il soit procédé à l'élection. Dans le cas où pendant les huit jours l'élection n'aurait pas eu lieu, le neuvième jour, à midi, l'Assemblée procédera à l'élection, quel que soit le nombre des membres présents.

L'investiture sera demandée comme par le passé, elle sera donnée dans le délai d'un mois au plus.

Art. 13. — Sera éligible à l'hospodarat quiconque, âgé de trente-cinq ans et fils d'un père né Moldave ou Valaque, peut justifier d'un revenu foncier de 3,000 ducats, pourvu qu'il ait rempli des fonctions publiques pendant dix ans, ou fait partie des Assemblées.

Art. 14. — L'hospodar gouverne avec le concours des ministres nommés par lui. Il sanctionne et promulgue les lois ; il peut refuser sa sanction. Il a le droit de grâce et celui de commuer les peines en matière criminelle, sans pouvoir intervenir autrement dans l'administration de la justice.

Il prépare les lois d'intérêt spécial à la Principauté et notamment les budgets, et les soumet aux délibérations de l'Assemblée.

Il nomme à tous les emplois d'administration publique et fait les règlements nécessaires pour l'exécution des lois.

La liste civile de chaque hospodar sera votée par l'Assemblée, une fois pour toutes, lors de son avènement.

Art. 15. — Tout acte, émanant de l'hospodar, doit être contresigné par les ministres compétents.

Les ministres seront responsables de la violation des lois et particulièrement de toute dissipation des deniers publics.

Ils seront justiciables de la haute Cour de justice et de cassation.

Les poursuites pourront être provoquées par l'hospodar ou par l'Assemblée.

La mise en accusation des ministres ne pourra être prononcée qu'à la majorité des deux tiers des membres présents.

Art. 16. — L'Assemblée élective, dans chaque Principauté, sera élue pour sept ans, conformément aux dispositions électorales annexées à la présente Convention.

Art. 17. — L'Assemblée sera convoquée par l'hospodar et devra être réunie, chaque année, le premier dimanche de décembre.

La durée de chaque session ordinaire sera de trois mois.

L'hospodar pourra, s'il y a lieu, prolonger la session. Il peut convoquer l'Assemblée extraordinairement ou la dissoudre. Dans ce dernier cas, il est tenu de convoquer une nouvelle Assemblée qui devra être réunie dans le délai de trois mois

Art. 18. — Le métropolitain et les évêques diocésains feront, de plein droit, partie de l'Assemblée.

La présidence de l'Assemblée appartiendra au métropolitain. Le vice-président et les secrétaires seront élus par l'Assemblée.

Art. 19. — Le président fixe les conditions auxquelles le public sera admis aux séances, sauf les cas d'exception qui seront prévus par le règlement intérieur.

Il sera dressé, par les soins du président, un procès-verbal sommaire de chaque séance, qui sera inséré dans la *Gazette officielle.*

Art. 20. — L'Assemblée discutera et votera les projets de loi qui lui seront présentés par l'hospodar. Elle pourra les amender sous la réserve stipulée par l'article 36, quant aux lois d'intérêt commun.

Art. 21. — Si les ministres ne sont pas membres des Assemblées, ils n'y auront pas moins entrée et pourront prendre part à la discussion des lois, sans participer au vote.

Art. 22. — Le budget des recettes et celui des dépenses, préparés annuellement pour chaque Principauté, par les soins de l'hospodar respectif, et soumis à l'Assemblée, qui pourra les amender, ne seront définitifs qu'après avoir été voté par elle.

Si le budget n'était pas voté en temps opportun, le Pouvoir exécutif pourvoirait aux services publics, conformément au budget de l'année précédente.

Art. 23. — Les différents fonds provenant, jusqu'à présent, de caisses spéciales et dont le gouvernement dispose à divers titres, devront être compris au budget général des recettes.

Art. 24. — Le règlement définitif des comptes devra être présenté à l'Assemblée au plus tard dans un délai de deux ans, à partir de la clôture de chaque exercice.

Art. 25. — Aucun impôt ne pourra être établi ou perçu s'il n'a été consenti par l'Assemblée.

Art. 26. — Comme toutes les lois d'intérêt commun ou spécial, et les règlements d'administration publique, les lois de finances seront insérées dans la gazette officielle.

Art. 27. — La commission centrale siégera à Focshani.

Elle sera composée de seize membres, huit Moldaves et huit Valaques. Quatre seront choisis par chaque hospodar parmi les membres de l'Assemblée ou les personnes qui auront rempli de hautes fonctions dans le pays ; et quatre par chaque Assemblée dans son sein.

Art. 28. — Les membres de la commission centrale conservent le droit de prendre part à l'élection des hospodars dans l'Assemblée à laquelle ils appartiennent.

Art. 29. — La commission centrale est permanente. Elle pourra cependant, lorsque ses travaux le lui permettront, s'ajourner pour un temps qui ne devra, en aucun cas, excéder quatre mois.

La durée des fonctions de ses membres, pour chaque Principauté, qu'ils aient été nommés par l'hospodar ou choisis par les Assemblées, sera limitée à la durée de la législature.

Toutefois, les fonctions des membres sortants ne cesseront qu'à l'installation des membres nouveaux.

Dans le cas où le mandat des deux Assemblées expirerait simultanément, la commission centrale sera renouvelée en totalité pour les deux Principautés, à l'ouverture des Assemblées nouvelles.

En cas de dissolution de l'une des Assemblées, le renouvellement n'aura lieu que pour ceux des membres de la commission centrale appartenant à la Principauté dont l'Assemblée sera réélue.

Les membres sortants pourront être choisis de nouveau.

Art. 30. — Les fonctions de membre de la commission centrale seront rétribuées.

Art. 31. — La commission centrale nommera son président.

Dans le cas où les suffrages se partageraient également entre deux candidats, il sera décidé par la voie du sort.

Les fonctions du président cesseront avec son mandat de membre de la commission centrale. Elles pourront être renouvelées.

En cas de partage égal des voix dans les délibérations, la voix du président sera prépondérante.

La commission centrale pourvoira à son règlement intérieur. Ses dépenses de toute nature seront mises, par moitié, à la charge des deux Principautés.

Art. 32. — Les dispositions constitutives de la nouvelle organisation des Principautés sont placées sous la sauvegarde de la commission centrale.

Elle pourra signaler aux hospodars les abus qu'il lui paraîtrait urgent de réformer et leur suggérer les améliorations qu'il y aurait lieu d'introduire dans les différentes branches de l'administration.

Art. 33. — Les hospodars pourront saisir la commission centrale de toutes les propositions qu'il leur paraîtrait utile de convertir en projets de lois communes aux deux Principautés.

La commission centrale préparera les lois d'intérêt général communes aux deux Principautés et soumettra ces lois, par l'intermédiaire des hospodars, aux délibérations des Assemblées.

Art. 34. — Sont considérées comme lois d'intérêt général toutes celles qui ont pour objet l'unité de législation, l'établissement, le maintien ou l'amélioration de l'union douanière, postale, télégraphique, la fixation du taux monétaire et les différentes matières d'utilité publique communes aux deux Principautés.

Art. 35. — Une fois constituée, la commission centrale devra s'occuper spécialement de codifier les lois existantes, en les mettant en harmonie avec l'acte constitutif de la nouvelle organisation.

Elle revisera les règlements organiques ainsi que les codes civil, criminel, de commerce et de procédure, de telle manière que, sauf les lois d'intérêt purement local, il n'existe plus désormais qu'un seul et même corps de législation, qui sera exécutoire dans les deux Principautés, après avoir été voté par les Assemblées respectives, sanctionné et promulgué par chaque hospodar.

Art. 36. — Si les Assemblées introduisent des amendements dans les projets de loi d'intérêt commun, le projet amendé sera renvoyé à la commission centrale, qui appréciera et arrêtera un projet définitif que les Assemblées ne pourront plus qu'adopter ou rejeter dans son ensemble.

La commission centrale sera tenue d'adopter les amendements qui auront été votés à la fois par les deux Assemblées.

Art. 37. — Les lois d'intérêt spécial à chacune des Principautés ne seront sanctionnées par l'hospodar qu'après avoir été communiquées par lui à la commission centrale, qui aura à apprécier si elles sont compatibles avec les dispositions constitutives de la nouvelle organisation.

Art. 38. — Il sera institué une haute Cour de justice et de cassation commune aux deux Principautés. Elle siégera à Focshani. Il sera pourvu, par une loi, à sa constitution.

Ses membres seront inamovibles.

Art. 39. — Les arrêts rendus par les Cours et les jugements prononcés par les Tribunaux dans l'une et l'autre Principauté seront portés exclusivement devant cette Cour de cassation.

Art. 40. — Elle exercera un droit de censure et de discipline sur les Cours d'appel et Tribunaux.

Elle aura droit de juridiction exclusive sur ses propres membres en matière pénale.

Art. 41. — Comme haute Cour de justice, elle connaîtra des poursuites qui auront été provoquées contre les ministres par l'hospodar ou par l'Assemblée et jugera sans appel.

Art. 42. — Les milices régulières existant actuellement dans les deux Principautés recevront une organisation identique, pour pouvoir au besoin se réunir et former une armée unique.

Il y sera pourvu par une loi commune.

Il sera, en outre, procédé annuellement à l'inspection des milices des deux Principautés par des inspecteurs généraux nommés tous les ans, alternativement par chaque hospodar. Ces inspecteurs seront chargés de veiller à l'entière exécution des dispositions destinées à conserver aux milices tous les caractères de deux corps d'une même armée.

Le chiffre des milices régulières, fixé par les règlements organiques, ne pourra être augmenté de plus d'un tiers, sans une entente préalable avec la Cour suzeraine.

Art. 43. — Les milices devront être réunies toutes les fois que la sûreté de l'intérieur ou celle des frontières sera menacée. La réunion pourra être provoquée par

l'un ou l'autre hospodar, mais elle ne pourra avoir lieu
que par suite de leur commun accord, et il en sera donné avis à la Cour suzeraine.

Sur la proposition des inspecteurs, les hospodars
pourront également réunir, en tout ou en partie, les
milices en camp de manœuvres pour les passer en
revue.

Art. 44. — Le commandant en chef sera désigné
alternativement par chaque hospodar, lorsqu'il y aura
lieu de réunir les milices. Il devra être Moldave ou Valaque de naissance, il pourra être révoqué par l'hospodar qui l'aura nommé. Le nouveau commandant en chef
sera, dans ce cas, désigné par l'autre hospodar.

Art. 45. — Les deux milices conserveront leurs drapeaux actuels ; mais ces drapeaux porteront à l'avenir
une banderole de couleur bleue, conforme au modèle
annexé à la présente convention.

Art. 46. — Les Moldaves et les Valaques seront tous
égaux devant la loi, devant l'impôt, et également admis-
sibles aux emplois publics, dans l'une et l'autre Principauté.

Leur liberté individuelle sera garantie. Personne ne
pourra être retenu, arrêté ni poursuivi que conformément à la loi.

Personne ne pourra être exproprié que légalement,
pour cause d'intérêt public et moyennant indemnité.

Les Moldaves et les Valaques de tous les rites chrétiens jouiront également des droits politiques. La jouis-
sance de ces droits pourra être étendue aux autres cultes
par des dispositions législatives.

Tous les privilèges, exemptions ou monopoles, dont
jouissent encore certaines classes, seront abolis ; et il

sera procédé sans retard à la réglementation des rapports des propriétaires du sol avec les cultivateurs, en vue d'améliorer l'état des paysans.

Les institutions municipales, tant urbaines que rurales, recevront tous les développements que comportent les stipulations de la présente convention.

Art. 47. — Jusqu'à ce qu'il ait été procédé à la revision prévue par l'article 37, la législation actuellement en vigueur dans les Principautés est maintenue dans les dispositions qui ne sont pas contraires aux stipulations de la présente convention.

Art. 48. — A l'effet de satisfaire à l'article 25 du traité du 30 mars 1856, un hatti-chérif, textuellement conforme aux stipulations de la présente convention, promulguera les dispositions qui précèdent, dans un délai de quinze jours au plus tard, à partir de l'échange des ratifications.

Art. 49. — Au moment de la publication dudit hatti-chérif, l'administration sera remise par les caïmacams actuels, dans chaque Principauté, à une commission intérimaire (caïmacamie), constituée conformément aux dispositions du règlement organique. En conséquence, ces commissions seront composées du président du divan princier, du grand logothète et du ministre de l'Intérieur, qui étaient en fonctions sous les derniers hospodars, avant l'installation, en 1856, des administrations provisoires.

Lesdites commissions s'occuperont immédiatement de la confection des listes électorales, qui devront être dressées et affichées dans un délai de cinq semaines.

Les élections auront lieu trois semaines après la publication des listes. Le dixième jour qui suivra, les députés devront être réunis, dans chaque Principauté, à l'effet de procéder, dans les délais établis ci-dessus, à l'élection des hospodars.

TABLE DES MATIÈRES

9 782019 988982